죽음을 가까이 두니,
　오늘이 선명해졌다

죽음을 가까이 두니, 오늘이 선명해졌다

– 사라짐이 알려준, 남김없이 살아가는 법 –

현장원 지음

BromBooks
브롬북스
독자의 미래를 바꾸는 책을 만듭니다.

By keeping death close, today has become vivid. © JangWon Hyun 2025

죽음은 삶을 완성하는 마지막 붓질이며,
삶을 가장 정직하게 비추는 거울이다.

만약 끝이 없었다면,
우리는 어떤 순간도 귀하게 여기지 못했을 것이다.
끝이 정해져 있기에,
한순간의 빛조차 더욱 눈부시게 다가온다.

죽음을 깊이 들여다볼수록
삶은 더욱 선명해진다.

그리고 삶을 진심으로 살아낼수록
죽음은 점점 덜 두려워진다.

프롤로그

죽음을 통해 삶을 다시 만나다

죽음은 우리 곁에 항상 존재한다. 누구나 알고 있지만, 정작 그 사실을 정면으로 마주하기는 쉽지 않다. 죽음을 이야기하려 하면 자연스레 시선을 돌리게 되고, 마음속에는 설명하기 어려운 두려움이 스며든다. 낯설고 무겁게만 느껴지는 주제이기에 애써 외면하고 싶은 것이다.

하지만 죽음은 단순한 끝이 아니다. 오히려 삶을 비추는 가장 정직한 거울이다. 그 거울 앞에 설 때 우리는 평범한 일상의 소중함을 새삼 깨닫는다. 죽음을 의식하는 순간, 삶의 진짜 얼굴이 드러난다. 그것은 때로 고통스럽지만 동시에 가장 깊고 진실한 모습이기도 하다.

이 책은 그 진실을 함께 바라보려는 작은 여정이다. 죽음을 통해 삶의 의미를 다시 묻고, 지금 이 순간을 더 충실하게 살아가도록 돕고자 한다.

이제 독자와 함께 묻고 싶다. 왜 우리는 죽음을 삶 곁에 두어야 하는가? 두려움이 들어도 괜찮다. 차분히 이 물음에 답을 찾는 길을 걸어가다 보면 죽음에 대한 낯섦은 서서히 사라지고, 마침내 우리는 삶을 새롭게 바라보는 눈을 갖게 될 것이다.

- 지은이 현장원 드림

지은이의 당부

　무언가를 깊이 배우고 진심으로 깨닫기 위해서는 한 번의 통찰이 아니라, 마음에 여러 번 새기는 시간이 필요하다고 믿어왔습니다.

　이 책은 '죽음'이라는 누구에게나 익숙하지만, 여전히 낯설고 조심스러운 주제를 다루고 있습니다. 퇴고 과정에서 내용의 중복이 다소 눈에 띄었고, 상당한 분량을 덜어냈습니다. 그럼에도 꼭 전하고 싶은 이야기들은 표현을 달리해, 의도적으로 반복하여 담았습니다.

　그 반복이 단순한 중복이 아닌, 이 책에서 제가 강조하고픈 메시지로 받아들여지기를 바라는 마음입니다.

저 역시 '죽음'이라는 단어는 여전히 어렵고 두렵습니다. 하지만 그 단어를 가까이 두는 일이야말로 삶을 더 깊고 담담하게 바라보게 하고, 더 충만하게 살아가는 길이 될 수 있다고 믿습니다.

익숙해지기 힘든 죽음을 조금 더 가까이 두려는 마음을 이 책에 담았습니다.

부디 이 이야기들이 조용히 당신의 마음에 스며들어, 삶을 더 따뜻하고 행복한 방향으로 이끌 수 있기를 진심으로 바랍니다.

- 따뜻한 마음을 담아, 지은이 드림

Do not fear death so much,
but rather fear the inadequate life.

– Bertolt Brecht –

죽음을
그리 두려워하지 말고,
불충분한 삶을
더 두려워하라.

목 차

프롤로그 • 6
지은이의 당부 • 8
에필로그 • 186

제1장_죽음을 바라본다는 것

죽음을 생각할 때,
비로소 나 자신을 보게 된다

죽음은 끝이 아니라 거울이다 • 20
우리는 모두 죽어가는 중이다 • 22
죽음 앞에선 모든 게 솔직해진다 • 24
나의 장례식에서 들을 말을 생각해보라 • 26
'그날'이 오늘이라면… • 28
삶은 유한하다는 것을 잊지 말자 • 30
슬픔은 살아 있다는 증거다 • 32
이별은 모든 관계에 존재한다 • 34
죽음은 타인의 것이 아니다 • 36
내가 두려워하는 것은 죽음인가, 후회인가 • 38

하이데거의 충고: 존재는 죽음으로 완성된다 • 40
몽테뉴의 말: 철학은 죽음을 연습하는 일이다 • 42
죽음을 직면하는 연습 • 44
시간은 모든 것을 빼앗는다 • 46
죽음은 삶의 대칭점이다 • 48
사라지는 것들에 대한 애도 • 50
지금 내 곁에 있는 이가 마지막이라면... • 52
죽음을 생각할 때, 욕망이 정리된다 • 54
내 인생은 누구의 이야기로 남을까? • 56
죽음은 존재의 빛을 비춘다 • 58

2장_삶을 절실히 살아낸다는 것

죽음을 생각할 때, 삶은 더 선명해진다

오늘 하루가 전부라면... • 62
살고 있는가, 버티고 있는가 • 64
죽음을 기억할 때, 사랑은 커진다 • 66
삶은 사건이 아니라 감정이다 • 68

내가 진짜 원하는 삶이란… • 70
살아 있음에 감사하는 연습 • 72
멈춰야 보인다 • 74
죽음이 가까울수록 삶은 풍성해진다 • 76
마지막 하루처럼 일상을 살아보기 • 78
사소한 것들이 삶의 본질이다 • 80
모든 선택은 유한성 위에 있다 • 82
나는 누구에게 기억되고 싶은가? • 84
아직 고백하지 못한 마음이 있다면 • 86
죽음을 생각할수록 오늘이 귀하다 • 88
매일 쓰는 삶의 유언장 • 90
사랑을 표현하는 법을 배우는 일 • 92
슬픔은 사랑의 또 다른 이름 • 94
삶의 질문을 바꾸는 죽음의 지혜 • 96
죽음을 사랑한다는 건 지금을 사랑하는 것이다 • 98
내일이 없다는 전제로 오늘을 살아라 • 100

3장. 이별에 대하여: 관계의 끝, 그리고 남은 말들

죽음은 곁에 있는 사람과의 관계를 되묻게 한다

언젠가의 작별을 위한 오늘 • 104
'미안해'보다 '사랑해'가 먼저 • 106
이별은 항상 갑작스럽다 • 108
남아 있는 사람의 몫 • 110
죽음이 관계를 정리해준다 • 112
누구에게 용서를 구할 것인가 • 114
마지막 인사는 늦지 않아야 한다 • 116
마지막 순간 전하고 싶은 한마디 • 118
유언, 살아 있는 동안 준비해야 할 진심 • 120
죽음은 사랑을 증폭시킨다 • 122
가장 후회하는 건 미루어둔 말 • 124
인생의 진정한 유산, 함께한 시간 • 126
우리는 모두 누군가의 기억으로 살아간다 • 128
살아 있는 동안 '잘' 헤어져야 한다 • 130
아직 끝내지 못한 관계가 있다면... • 132
사라진 이가 남긴 것들 • 134
죽음은 진심을 데려온다 • 136
사랑, 죽음을 넘어 남는 가장 깊은 흔적 • 138
이별이 남긴 기억과 사랑의 의미 • 140
가장 아름다운 작별을 위하여 • 142

4장. 존재를 다시 써 내려가는 일

죽음을 생각하며 삶을 다시 써 내려가기

오늘부터 삶을 다시 쓴다 • 146
죽음을 상상할 때, 삶이 보인다 • 148
나의 삶을 작가처럼 살아가기 • 150
내가 쓰는 인생의 마지막 문장 • 152
삶은 방향을 찾아가는 여정이다 • 154
죽음을 삶의 시작점으로 삼기 • 156
매일의 선택이 모여 인생이 된다 • 158
오늘이라는 하루를 마지막처럼 살기 • 160
자신의 삶을 작품으로! • 162
삶을 위해 죽음을 곁에 두기 • 164
지금 여기, 이 순간을 놓치지 않기 • 166
두려움과 함께 걷기 • 168
끝을 기억하며 살아가기 • 170
존재는 유한할수록 빛난다 • 172
비워내는 삶의 가치 • 174
단순하게, 가볍게, 깊게 • 176
죽음을 친구 삼는 삶 • 178
가장 나답게 떠나기 위한 연습 • 180
내가 남긴 사랑의 방식 • 182
죽음을 사랑할 때, 삶이 시작된다 • 184

죽음을 생각할 때,
비로소 나 자신을 보게 된다

죽음은 멀리 있는 것이 아니다. 삶과 늘 함께하는 그림자이며, 우리가 애써 외면해 온 누구에게나 다가올 현실이다. 죽음을 용기 있게 마주하는 순간, 오히려 삶은 더욱 선명해진다. 내 삶이 유한하다는 깨달음은 방향을 바꾸게 하고, 우선순위를 명확히 정하며, 더 진실한 나 자신과 마주하게 만든다.

제 1 장

죽음을 바라본다는 것

01

죽음은 끝이 아니라 거울이다

   죽음은 우리 인생에서 가장 무겁고 신비로운 주제다. 많은 사람이 죽음을 '끝'이라 여기지만, 사실 그것은 종말이라기보다 지금까지의 삶을 비추는 거울에 가깝다. 그 거울 앞에 서면 우리는 스스로에게 묻게 된다. 나는 어떤 길을 걸어왔는가? 무엇을 사랑했고, 무엇을 놓쳤는가? 그리고 진정한 나는 누구였는가?

   죽음은 누구에게나 예외 없이 찾아온다. 이 피할 수 없는 사실이야말로 삶을 더 진실하고 풍요롭게 만든다. 우리는 종종 바쁘다는 이유로 내면을 외면한 채 시간을 흘려보낸다. 그러나 죽음이라는 거울 앞에서는 더 이상 가릴 것도,

꾸밀 것도 없다. 직업이나 재산, 겉모습은 모두 벗겨지고, 결국 남는 것은 가장 단순하고도 본질적인 '나'라는 존재뿐이다.

그 거울 앞에 서는 일은 분명 두렵고 떨릴 수 있다. 하지만 죽음을 직면하는 순간, 삶이 유한하다는 자각이 우리를 붙잡는다. 그 깨달음은 오늘 하루, 지금 이 순간의 빛을 더욱 또렷하게 드러낸다. 사랑하는 이의 짧은 웃음이, 스쳐 지나가는 인사 한마디가 이전보다 훨씬 더 소중하게 다가온다.

죽음은 단순한 닫힘이 아니다. 그것은 삶의 본질을 비추는 가장 정직한 도구이며, 오히려 진짜 인생을 시작하게 만드는 열쇠다. 죽음은 우리에게 묻는다. 어떻게 살고 싶은가? 무엇을 사랑하며 살아야 하는가? 그 물음에 귀 기울일 때, 죽음은 두려움의 그림자가 아니라 오늘의 삶을 더 환히 밝혀주는 불빛이 된다.

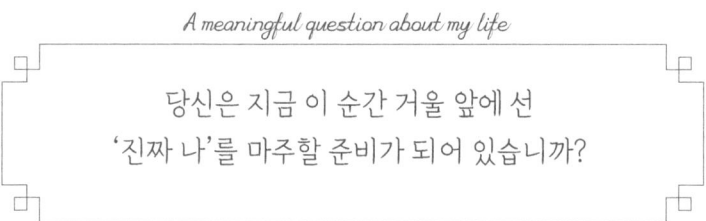

A meaningful question about my life

당신은 지금 이 순간 거울 앞에 선
'진짜 나'를 마주할 준비가 되어 있습니까?

 # 02

우리는 모두 죽어가는 중이다

우리는 매 순간 조금씩 죽음에 가까워지고 있다. 이 사실은 때로 낯설고 무겁게 다가오지만, 부정할 수 없는 진실이다. 달력에 하루가 지워질 때마다 남은 날들은 줄어들고, 몸은 예전처럼 가볍게 움직이지 못한다. 웃음 속에도 어느새 잔주름이 자리 잡고, 손끝의 온기는 해마다 조금씩 사그라든다. 누구도 이 흐름을 거스를 수 없다.

그러나 죽어가고 있다는 현실을 인정하는 것이 반드시 삶을 어둡게 만드는 것은 아니다. 오히려 그 사실을 받아들일 때, 지금 이 순간은 더 선명해진다. 언젠가 끝이 있다는 걸 알기에 저녁 창가에 번지는 붉은 노을은 더 뜨겁고, 친구와의 짧은 통화도 더 깊이 마음에 남는다. 평범했던 하루가 특별해지고, 스쳐가는 만남조차 오래 남을 기억이 된다.

삶을 그저 버티는 것이 아니라 진심으로 살아내기 위해서는 죽음을 떠올릴 줄 아는 용기가 필요하다. 죽음은 단순한 끝이 아니라 하나의 과정이다. 우리는 매일 조금씩 죽어가는 동시에, 그만큼 더 깊이 살아가고 있다. 낡아가는 몸은 덧없음을 알려주지만, 그 덧없음이야말로 순간을 빛나게 한다.

죽음을 외면하지 않고 담담히 받아들일 때, 삶은 오히려 가벼워진다. 더 이상 불필요한 욕심에 매이지 않고, 더 자주 사랑을 표현하며, 더 용기 있게 나 자신을 드러낼 수 있다. 그리고 그 가벼움 속에서 비로소 나는 진짜 '나'로 살아갈 수 있다.

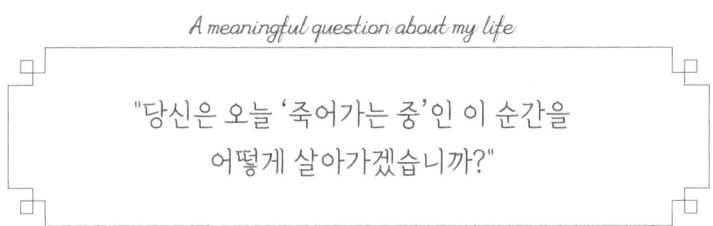

A meaningful question about my life

"당신은 오늘 '죽어가는 중'인 이 순간을
어떻게 살아가겠습니까?"

죽음 앞에선 모든 게 솔직해진다

죽음은 우리가 쌓아온 가면을 한순간에 벗겨낸다. 감추려 애쓰던 두려움, 외면했던 진실, 미뤄두었던 고백은 그 앞에서 더는 숨을 곳이 없다. 사회적 지위나 화려한 외양은 무의미해지고, 마지막에 남는 것은 꾸밈없는 '나'라는 존재뿐이다.

많은 이들이 죽음을 목전에 두고서야 마음 깊은 곳의 말을 꺼낸다. 사랑한다는 고백, 오래 묵은 미안함, 용기를 내지 못했던 용서의 말이 그제야 빛을 찾는다. 죽음은 삶을 솔직하게 만들고, 우리로 하여금 진정으로 중요한 것이 무엇인지 묻는다.

그 질문 앞에서 우리는 스스로를 돌아보게 된다. 나는 지금 얼마나 진심으로 살고 있는가? 겉모습에 가려 마음의 목소리를 놓치고 있지는 않은가? 사르트르는 "우리는 죽음을 통해서만 자신이 누구인지 드러낸다"고 말했다. 그 말처럼 죽음을 마주하는 순간은 나 자신의 본질과 마주하는 일이기도 하다.

죽음은 모든 것을 투명하게 만든다. 그리고 그 투명함을 피하지 않고 받아들일 때, 삶은 오히려 더 깊고 따뜻해진다. 솔직해지는 순간, 우리는 더 자유로워지고, 마침내 본래의 나로 살아갈 수 있다. 죽음은 끝이 아니라, 가식 없는 삶으로 들어서는 문이다.

A meaningful question about my life

"당신은 오늘, 죽음 앞에서 숨김없이
솔직해질 용기가 있나요?"

# 04

나의 장례식에서 들을 말을 생각해보라

우리는 언젠가 자신이 떠난 자리에서 사람들이 어떤 이야기를 할지 상상해 본 적이 있는가? 이 질문은 단순히 죽음을 떠올리는 차원을 넘어, 지금 내가 어떻게 살아가고 있는지를 되묻게 한다. 그 자리에서 기억될 삶의 조각들은 결국 오늘 내가 쌓아가는 선택과 행동에서 비롯된다.

고대 철학자 에픽테토스는 "죽음을 기억하는 자만이 진정한 자유를 누린다"고 말했다. 죽음을 받아들이는 순간, 우리는 삶을 가볍게 소비하지 않는다. 매일의 시간 앞에 더 진실한 태도를 갖게 되고, 그 태도는 타인과의 관계 속에서도 더 깊은 사랑과 이해로 이어진다.

현대 심리학 연구 또한 이를 뒷받침한다. 죽음을 의식하는 사람일수록 현재의 만족과 의미를 더 크게 느끼며, 관계 속에서 더 진심을 다한다는 것이다. 죽음을 가까이 두는 일이 삶을 위축시키는 것이 아니라, 오히려 삶을 확장시키는 길이 된다.

자신의 장례식에서 어떤 말로 기억되고 싶은가? 이 물음은 두려움의 질문이 아니다. 살아 있는 지금, 무엇을 더 사랑하고 어떻게 살아가야 하는지 방향을 짚어주는 나침반이다. 우리가 남기고 싶은 기억을 미리 떠올릴 때, 오늘의 삶은 그만큼 더 분명하고 명확해진다.

A meaningful question about my life

"당신이 떠난 뒤, 사람들에게서
어떤 말이 흘러나오길 진심으로 바라나요?"

'그날'이 오늘이라면?

    사람들은 흔히 자신의 마지막 날을 아주 먼 미래로 밀어두고, 오늘을 대수롭지 않게 흘려보낸다. 그러나 만약 그날이 바로 오늘이라면, 우리는 지금을 어떤 눈으로 바라보고, 어떻게 살아낼까? 이 물음은 삶의 속도를 멈추고 자신을 돌아보게 한다.

    죽음이 언제 닥칠지 모른다는 사실을 받아들일 때, 일상의 풍경은 달라진다. 무심히 지나쳤던 인사의 미소, 함께한 짧은 시간이 특별해진다. 소중한 이에게는 미루지 않고 마음을 전하게 되고, 사소한 순간에도 감사가 깃든다.

삶의 유한성을 자각하는 일은 두려움이 아니라 오늘을 살아가게 하는 가장 강력한 동력이다. '오늘이 마지막일지도 모른다'는 생각은 우리가 가진 것들의 진짜 가치를 드러내고, 무엇을 놓치지 말아야 할지 분별하게 만든다.

삶은 언제나 끝을 향해 흐른다. 그러나 그 끝을 의식하는 사람만이 하루를 진심으로 살아낼 수 있다. 오늘이 마지막이라면, 이 하루는 더없이 귀한 선물이 될 것이다.

A meaningful question about my life

"만약 오늘이 당신 삶의 마지막 날이라면,
지금 이 순간을 그대로 지나쳐도 괜찮겠습니까?"

# 06

삶은 유한하다는 것을 잊지 말자

사람은 쉽게 잊는다. 젊고 건강할 때는 마치 시간이 끝없이 주어진 듯 행동하며, 해야 할 말도, 하고 싶은 일도 자꾸 뒤로 미룬다. 그러나 삶은 무한하지 않다. 누구도 예외 없이 죽음을 향해 걷고 있다. 이 사실을 잊는 순간, 하루는 흐릿해지고 의미는 옅어진다.

인간 심리 연구자들은 말한다. 삶이 유한하다는 사실을 자각한 사람일수록 더 깊은 관계를 맺고, 후회를 덜 남긴다고. 죽음을 떠올리는 일은 단순히 두려움을 불러오는 게 아니라, 본질적인 것을 선택하게 만들고 삶의 우선순위를 다시 세우게 한다. 바쁘게만 달리던 발걸음이 멈추며, 지금 이 순간의 가치가 또렷해진다.

 유한성을 받아들일 때, 우리는 지금의 삶을 더 사랑하게 된다. 아침에 눈을 뜨는 일, 누군가와 나누는 대화, 함께 앉아 식탁을 마주하는 순간조차 더 이상 당연하지 않다. 그것들은 선물처럼 느껴지고, 미뤄둔 말은 오늘 전해야 할 이유가 되며, 머뭇거리던 사랑도 더는 늦출 수 없는 용기가 된다.

 끝이 있다는 사실은 삶에 떨림을 준다. 그 떨림은 우리를 지금, 여기로 깨워낸다. 그래서 잊지 말아야 한다. 삶은 짧고, 언젠가는 끝이 온다는 것을. 그 단순한 기억 하나가 우리를 가장 진실한 삶으로 이끄는 첫걸음이 된다.

A meaningful question about my life

> "당신은 더는 미룰 수 없는 그 한 가지를
> 바로 오늘 시작할 준비가 되어 있나요?"

슬픔은 살아 있다는 증거다

사랑하는 이를 떠나보낸 뒤 찾아오는 감정은 쉽게 말로 담을 수 없다. 텅 빈 자리에 남은 공허, 문득 스쳐 오는 그리움, 가슴 깊은 곳의 무너짐…. 그러나 이 감정들은 단순한 고통이 아니다. 오히려 우리가 얼마나 진심으로 사랑했는지를 보여주는 깊은 흔적이다.

사람들은 흔히 슬픔을 벗어나야 할 감정으로 여긴다. 하지만 슬픔은 우리를 괴롭히기 위해 찾아온 손님이 아니다. 그것은 우리가 누군가에게 마음을 다해 열었음을, 그만큼 살아 있음을 증명하는 언어다.

죽음이 남긴 슬픔은 관계의 무게를 드러낸다. 시간이 흐르면 그 무게는 조금씩 달라지지만, 결코 완전히 사라지지는 않는다. 오히려 깊은 슬픔은 서서히 감사로 바뀌어, 삶을 바라보는 방향을 바꾼다. 상실을 겪은 사람은 그 전보다 더 조심스럽게 사랑하고, 더 온전히 현재를 살아가려 한다.

한 정신분석가는 "슬픔은 상실을 애도하는 방식이 아니라, 존재했던 사랑을 기억하는 방식"이라 했다. 사랑이 있었기에 눈물이 흐른다. 그렇기에 눈물은 고통이 아니라 사랑의 또 다른 모습이다.

슬픔은 우리에게 속삭인다. 우리는 누군가를 깊이 사랑했고, 그 사랑은 여전히 우리 안에서 살아 숨 쉬고 있음을.

A meaningful question about my life

"당신이 흘린 그 눈물 속에는, 누구를 얼마나 깊이 사랑한 흔적이 담겨 있습니까?"

이별은 모든 관계에 존재한다

　우리가 맺는 모든 관계의 시작에는 이미 끝이 함께 들어 있다. 친구든 연인이든, 가족이든, 모든 만남은 언젠가의 이별을 품고 있다. 어떤 이별은 예고 없이 찾아오고, 어떤 이별은 오랜 시간에 걸쳐 천천히 다가온다. 단 한 가지 분명한 건, 어떤 관계도 영원히 같은 모습으로 머물 수 없다는 사실이다.

　죽음은 그 모든 이별의 마지막 형태다. 사랑하는 이를 떠나보낼 때 남는 상실감은 깊고도 쓰라리다. 그러나 그 고통은 우리가 얼마나 진심으로 사랑했는지를 증명하는 징표다. 관계의 깊이는 결국 이별의 무게로 드러난다.

그래서 우리는 살아 있는 동안 더 많이 표현해야 한다. "고마워", "사랑해", "미안해"라는 말은 결코 이르지 않다. 그 말들은 작별의 순간에 후회를 남기지 않게 해주고, 하루하루를 더 진심으로 채워 준다.

삶은 어쩌면 '언젠가 사라질 것들을 사랑하는 일'인지도 모른다. 이별은 우리를 아프게 하지만, 동시에 삶을 빛나게 만든다. 끝을 의식하는 사람만이 진짜 시작을 품을 수 있다. 사랑하는 이와의 이별이 두려운가? 그렇다면 지금, 더 사랑하라. 떠남은 피할 수 없지만, 그 사랑의 깊이는 오늘 우리가 어떻게 살아가느냐에 달려 있다.

A meaningful question about my life

"당신은 지금 곁에 있는 사람에게, 언젠가 하지 못할 그 말을 건넬 준비가 되어 있습니까?"

죽음은 타인의 것이 아니다

우리는 종종 죽음을 이야기할 때, 그것을 타인의 일로만 여긴다. 뉴스 속 사고, 먼 나라의 전쟁, 낯선 이름의 부고를 들으며 죽음은 늘 어딘가 멀리 있는 듯하다. 그러나 죽음은 결코 남의 것이 아니다. 언젠가는 반드시 내 몫으로 다가온다.

누군가의 죽음은 우리 안에 잠들어 있던 '나의 끝'에 대한 감각을 흔든다. 그 감각은 하루의 표정을 바꾸고, 발걸음을 늦추며, 사람을 대하는 마음을 달라지게 한다.

누군가를 떠나보낼 때 우리는 조금씩 죽음을 배운다. 그러나 그 배움은 떠난 이를 위한 것이 아니라, 남은 우리 자신을 위한 것이다.

죽음을 남의 것으로만 여길 때, 삶은 가볍게 흘러간다. 하지만 그것이 내 삶의 일부임을 받아들일 때, 우리는 오늘이라는 시간을 훨씬 더 조심스럽게, 더 소중히 품게 된다. 죽음은 삶을 자기 것으로 만드는 문이다. 그리고 그 문 앞에 우리는 이미 서 있다.

A meaningful question about my life

죽음이 결국 나의 몫이라면, 당신은 지금
당신의 삶을 얼마나 진심으로 살고 있나요?

10

내가 두려워하는 것은
죽음인가, 후회인가?

　죽음을 떠올릴 때 찾아오는 막연한 두려움은 과연 무엇일까? 육체가 멈추는 그 순간의 공백일까, 존재가 사라지는 허무일까, 아니면 살아 있는 동안 충분히 살지 못했다는 뼈아픈 자각일까?

　사람들은 흔히 말한다. "죽는 게 무서워." 그러나 그 말 속을 들여다보면, 두려운 것은 죽음 자체가 아니라 미처 다 살지 못한 삶이다. 사랑을 미루고, 하고 싶은 말을 삼키고, 시작조차 하지 못한 도전들... 우리가 죽음을 두려워하는 이유는 어쩌면, 이런 후회들이 정리되지 않은 채 삶이 갑자기 닫힐 수 있다는 불안일 것이다.

임종을 앞둔 이들이 남긴 고백은 놀랍도록 비슷하다. 더 많이 사랑하지 못한 것, 진심을 말하지 못한 것, 자신답게 살지 못한 것. 이 고백들은 죽음보다 무서운 것이 '제대로 살지 못한 시간'임을 일깨워 준다.

죽음은 삶의 마지막 문이지만, 그 문을 두려워하지 않기 위해서는 지금을 충실히 살아야 한다. 오늘을 뜨겁게 살아내는 것, 그것이야말로 죽음을 덜 두려워하는 가장 단순하면서도 확실한 길이다. 우리가 진정 경계해야 할 것은 죽음이 아니라, 원하는 삶을 끝내 미루어 두려움만 키우는 우리의 마음이다.

A meaningful question about my life

죽음이 두려운 건, 어쩌면 내가 제대로 살아오지 못했다는 사실을 마주하게 되기 때문이 아닐까요?

하이데거의 충고: 존재는 죽음으로 완성된다

철학자 마르틴 하이데거는 인간을 "죽음을 향해 가는 존재(Sein-zum-Tode)"라고 말했다. 그는 인간이 언젠가 반드시 죽는다는 사실을 진심으로 받아들일 때, 비로소 본래적인 삶, 진정한 존재로서의 삶을 살 수 있다고 보았다.

하이데거에게 죽음은 단순한 종말이 아니다. 그것은 삶을 본질적으로 빛나게 만드는 계기다. 왜냐하면 죽음은 타인이 대신 겪어줄 수 없는, 오직 나만의 고유한 사건이기 때문이다. 그 지점에서 인간은 외부의 시선과 평가에서 벗어나 자기 자신으로 돌아온다. 죽음을 의식하는 순간, 삶의 소음은 멈추고 내 안의 목소리가 선명해진다.

우리는 흔히 성공, 인정, 관계 같은 외부의 기준에서 삶의 의미를 찾는다. 그러나 그런 삶은 하이데거가 말한 '비본래적 존재'일 수 있다. 죽음을 의식할 때 비로소 삶의 우선순위가 재정립되고, 보다 진실한 선택이 가능해진다.

"존재는 죽음을 통해 전체로서 완성된다." 이 말은 무겁지만 동시에 놀라운 자유를 준다. 죽음을 자각하는 순간, 우리는 타인의 시선에서 풀려나 오롯이 자신에게로 돌아간다. 그 자유는 마음대로 하는 방종이 아니라, 나의 삶을 어떻게 살아갈지를 스스로 선택해야 하는 자유다.

그리고 자유는 곧 책임을 동반한다. 끝이 있다는 사실은 우리를 무력하게 만들지 않는다. 오히려 매 순간을 집중하고 선택하게 만드는 가장 확실한 이유가 된다. 죽음을 안다는 것은, 오늘을 진실하게 살아내라는 요구이기도 하다.

A meaningful question about my life

"죽음이 삶을 완성시킨다면,
당신은 어떤 모습으로 그 완성을 향해 나아가고 있나요?"

12

철학은 죽음을 연습하는 일이다

프랑스 사상가 몽테뉴는 『수상록』에서 이렇게 말했다.
"철학하는 것은 죽는 것을 배우는 일이다."
삶을 깊이 이해하려는 이에게 죽음이라는 질문은 피할 수 없는 문턱이라는 그의 통찰은 낯설지만 명료하다.

몽테뉴에게 죽음은 두려움의 대상이 아니었다. 오히려 삶을 온전히 이해하기 위한 통로였다. 전염병과 전쟁이 일상이던 시대, 그는 죽음을 늘 곁에 두고 글을 썼으며, 죽음을 직면해야 오늘을 더 깊이 살아낼 수 있다고 보았다.

그의 충고처럼 죽음을 삶의 한가운데로 끌어올 때, 우리는 비로소 본질에 가까워진다. 헛된 욕망 대신 곁에 있는 사람에게 집중하고, 미루지 않고 오늘 사랑하려는 마음이 생긴다. '죽음을 연습한다'는 말은 순간순간을 마지막처럼 살아보는 일이다. 그 연습은 우리를 불안하게 하지 않는다. 오히려 삶을 단순하게 하고, 마음을 평온하게 한다.

언젠가 반드시 맞이할 죽음을 천천히 준비할 수 있다면, 우리의 삶도 그만큼 더 진실해진다. 죽음을 외면하지 않고 바라보는 용기 속에서, 살아 있다는 것의 무게와 기쁨은 더욱 선명해진다.

A meaningful question about my life

"당신은 오늘, 죽음을 연습하며
진짜 삶을 살아가고 있나요?"

13

죽음을 직면하는 연습

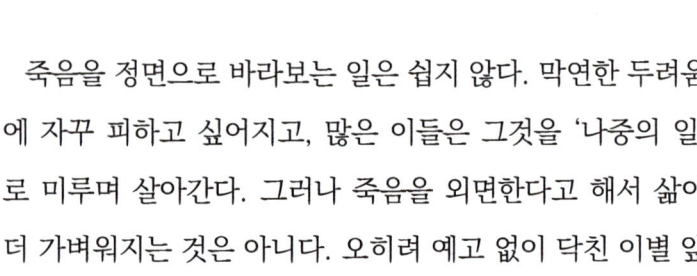

 죽음을 정면으로 바라보는 일은 쉽지 않다. 막연한 두려움에 자꾸 피하고 싶어지고, 많은 이들은 그것을 '나중의 일'로 미루며 살아간다. 그러나 죽음을 외면한다고 해서 삶이 더 가벼워지는 것은 아니다. 오히려 예고 없이 닥친 이별 앞에서 우리는 후회에 휩싸이고, 마지막 인사를 나누지 못한 죄책감에 오래 머문다.

 그래서 우리는 삶 속에서 조금씩 죽음을 연습할 필요가 있다. 여기서 '연습한다'는 것은 언제든 맞이할 수 있는 현실로 죽음을 받아들이는 일이다. 그것은 우울에 빠지는 일이 아니라, 오히려 삶의 본질에 다가가는 길이다. 그렇게 바라볼 때, 평범한 하루의 순간들은 새롭게 빛나고, 사람을 대하는 마음에는 한층 더 깊은 진심이 스며든다.

스티브 잡스는 매일 아침 스스로에게 물었다고 한다.
"오늘이 내 인생의 마지막 날이라면, 지금 하려는 일을 정말 하고 싶은가?"
그 질문은 그를 더 진실한 삶으로 이끌었다. 우리도 같은 물음을 던질 수 있다. 내가 오늘 가장 하고 싶은 일은 무엇인가? 아직 전하지 못한 말은 무엇인가? 그리고 지금 이 하루를 나는 얼마나 온전히 살아내고 있는가?

A meaningful question about my life

"오늘이 마지막 날이라면, 당신은 무엇을 하고 싶나요?"

> # 14

시간은 모든 것을 빼앗는다

　시간은 조용히 흐르지만, 결코 가볍지 않다. 우리가 사랑했던 사람, 함께 웃던 순간, 품었던 꿈들조차 시간 앞에서는 조금씩 옅어진다. 아무 말 없이 모든 것을 데려가는 시간이기에, 잃어버리기 전에 그 소중함을 알아차려야 한다.

　기억은 흐려지고, 목소리는 희미해지며, 손길의 온도도 점점 사라진다. 지금은 선명한 얼굴도 언젠가는 흐릿한 그림자가 된다. 그래서 우리는 '지금' 이 순간을 더욱 사랑해야 한다. 지금만이 우리가 붙잡을 수 있는 유일한 것이기 때문이다.

사람들은 시간이 지나면 괜찮아질 거라 말한다. 그러나 슬픔이 옅어지는 만큼, 기쁨도 사랑도 함께 희미해진다. 이 사실은 우리를 더 깨어 있게 하고, 오늘을 더 깊이 바라보게 만든다.

세네카는 말했다. "우리는 시간을 낭비하는 것이 아니라 도둑맞는다." 그러나 그 도둑은 다름 아닌 우리 자신일지도 모른다. 무심코 흘려보낸 하루, 미뤄둔 진심, 놓쳐버린 순간들이 시간을 앗아간다.

시간은 멈추지 않는다. 하지만 그 안에 무엇을 새겨 넣을지는 우리의 몫이다. 사랑과 진심, 용기를 담는다면 시간은 사라지는 것이 아니라, 우리 안에서 오래도록 살아남는다.

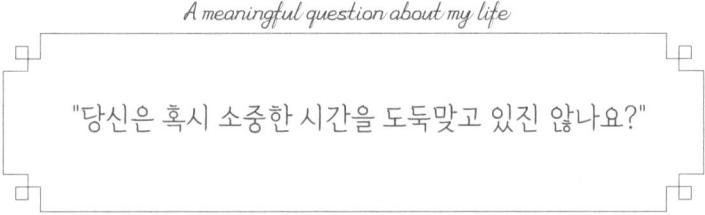

A meaningful question about my life

"당신은 혹시 소중한 시간을 도둑맞고 있진 않나요?"

죽음은 삶의 대칭점이다

　삶과 죽음은 멀리 떨어진 섬처럼 보이지만, 사실은 하나의 선 위에 나란히 놓여 있다. 우리가 한 걸음 내디딜수록 삶은 짧아지고, 죽음은 가까워진다. 그러나 죽음은 삶의 반대가 아니다. 그것은 삶을 완성하는 마지막 붓질이자, 우리를 가장 정직하게 비추는 거울이다.

　우리가 시간을 소중히 여기는 이유는 끝이 있기 때문이다. 꽃이 지기 때문에 피는 순간이 눈부시듯, 끝이 없는 삶이라면 그 어떤 것도 귀해질 수 없다.

스티브 잡스는 "죽음은 인생 최고의 발명품"이라고 말했다. 죽음은 삶의 방향을 다시 묻는다. 그리고 우리에게 "지금 이대로 괜찮은가?"라는 질문을 남긴다. 그 질문은 삶을 더 진실하게, 더 뜨겁게 살아가도록 흔들어 깨운다.

삶의 한쪽 끝이 죽음이라면, 죽음의 반대편도 삶이다. 두 끝은 서로를 비추는 거울이고, 죽음을 깊이 들여다볼수록 삶은 선명해진다. 반대로, 삶을 진심으로 살아갈수록 죽음은 덜 두렵다.

죽음은 삶의 그림자가 아니다. 오히려 삶의 가장 진실한 빛이다.

A meaningful question about my life

"삶과 죽음이 나란히 놓인 이 길 위에서,
당신은 어떤 의미를 담아 걷고 있나요"

16

사라지는 것들에 대한 애도

 삶은 끊임없는 변화와 작별의 연속이다. 죽음뿐 아니라 낡아 사라지는 물건, 흘러가 버린 계절, 멀어져 가는 사람들, 점점 옅어지는 기억들까지... 우리 곁을 떠나는 모든 것에는 작지만 깊은 애도가 필요하다. 그러나 우리는 이런 작은 상실 앞에서 슬퍼하는 법을 제대로 배우지 못했다.

 사라짐을 애도한다는 것은 단순히 눈물 흘리는 일이 아니다. 그것은 그 대상에 우리가 얼마나 많은 시간과 마음을 기울였는지를 인정하는 과정이다. 떠나간 것들이 남긴 빈자리를 외면하지 않고 바라보는 일, 그 자리에서 조용히 머물며 마음을 들여다보는 것이 진짜 애도다. 그렇게 우리는 상실을 받아들이고, 다음을 맞이할 준비를 한다.

애도하지 못한 떠남은 마음속에 오래 남아 새로운 삶을 가로막는다. 지나간 것을 충분히 보내야만, 다가오는 것을 온전히 맞이할 수 있다. 그래서 때로는 멈춰 서서 울고, 말하고, 그리워해야 한다. 그 과정을 지나야 사랑했던 것들이 따뜻한 기억으로 변한다.

사라지는 모든 것에 진심을 담아 애도할 때, 우리는 더 단단해지고, 더 평화로운 마음으로 다음 순간을 살아갈 수 있다. 삶은 어쩌면 떠나간 것들 위에 조심스럽게 새로움을 쌓아 올리는 일임을 잊지 말자.

A meaningful question about my life

> "당신은 지금, 어떤 '사라지는 것'에게
> 진심 어린 작별 인사를 건네고 있나요?"

17

지금 내 곁에 있는 이가 마지막이라면...

    우리는 흔히 "내일 또 만나겠지"라는 안도 속에, 곁에 있는 사람들과의 시간을 당연하게 여긴다. 그러나 만약 지금 이 순간이 마지막이라면 어떨까? 무심한 눈맞춤, 식탁 위에 올려둔 따뜻한 밥 한 그릇, 미처 전하지 못한 고마움조차도 전혀 다른 무게로 다가올 것이다.

    죽음은 언제나 예고 없이 찾아온다. 그래서 오늘, 함께 있는 사람과의 시간을 온전히 품는 일이 무엇보다 소중하다. '마지막'이라는 단어가 붙는 순간, 평범했던 말과 행동들은 특별한 흔적이 된다. 곁에 있는 이들이 바로 우리의 삶을 이루는 풍경이기 때문이다.

'언젠가'가 아니라 '지금'이라는 시간 안에서 우리는 마음을 열고 진심을 나눠야 한다. 짧은 안부, 작은 감사, 오래 미룬 사과와 사랑의 표현을 서둘러 전할 때, 내일의 후회는 오늘의 용기로 바뀐다. 오늘의 따뜻한 인사는, 내일의 그리운 기억으로 오래 남는다.

그러니 지금 이 순간을 소중히 붙잡자. 그리고 스스로에게 물어보자. 지금 당신 곁에 있는 이가 마지막이라면, 어떤 말을 남기고 싶은가?

A meaningful question about my life

"지금 당신 곁에 있는 이에게, 지금이 마지막이라면
어떤 말을 남기고 싶은가?"

#18

죽음을 생각할 때, 욕망이 정리된다

　죽음을 마주하는 순간, 우리의 욕망과 집착은 자연스레 제자리를 찾는다. 평소에는 더 많은 것, 더 나은 것을 갈망하며 마음이 분주하지만, 끝을 떠올리면 그 모든 것이 덧없음을 깨닫는다.. 삶의 유한함은 욕망을 조절하며, 진짜 중요한 것이 무엇인지 묻게 한다.

　욕망은 분명 삶의 원동력이다. 그러나 그것이 지나치면 우리를 지치게 하고 방향을 흐리게 한다. 우리는 무엇을 위해 이토록 바쁘게 달리고 있는가? 죽음은 이 질문을 던지며, 불필요한 욕심을 내려놓고 본질에 집중하라고 속삭인다. 행복은 더 많이 가지는 데서 오지 않는다. 내게 정말 필요한 것이 무엇인지 아는 데서 비롯된다.

죽음은 우리를 단순하고 간소한 삶으로 이끈다. 무의미한 비교와 경쟁에서 벗어나, 내면의 평화를 되찾게 한다. 집착이 사라질 때 비로소 '나답게' 사는 삶이 가능해진다.

삶의 끝을 떠올리며 스스로에게 물어보자. 무엇을 남기고 싶은가? 그 순간, 진정으로 원하는 삶의 모습이 또렷해지고, 그 길을 향해 나아갈 용기가 생겨날 것이다.

A meaningful question about my life

"당신이 내려놓아야 할 불필요한 욕망은 무엇인가요?"

#19

내 인생은 누구의 이야기로 남을까?

우리의 삶은 결국 누군가의 기억 속에서 이어진다. 아무리 많은 경험과 성취가 있어도 그것이 나 혼자만의 것으로 남는다면, 언젠가는 시간 속에 조용히 사라지고 만다. 그래서 내 인생이 누구의 이야기로, 어떤 흔적으로 남을지를 생각하는 일은 무엇보다 중요하다.

죽음을 앞둔 많은 이들이 마지막에 가장 궁금해하는 것도 바로 이것이다. "사람들은 나를 어떤 사람으로 기억할까?" 우리가 살아가며 나눈 말과 눈빛, 소소한 일상 속의 다정함이 곧 나라는 사람을 증명하는 자취가 된다. 그것은 거창할 필요가 없다. 오히려 작은 따뜻함이 더 오래 마음속에 머문다.

그렇게 남겨진 기억은 누군가의 삶을 밝혀주는 빛이 된다. 삶은 내 이름을 남기는 일이 아니라, 내 마음을 건넨 사람들의 기억 속에 따뜻하게 살아 있는 일이다.

내가 떠난 뒤에도 누군가의 마음에 고요하고도 따스한 빛으로 남고 싶다면, 오늘을 진심으로 살아야 한다. 삶은 기록으로 남는 것이 아니라, 사람들의 기억 속에서 호흡하는 이야기이기 때문이다.

A meaningful question about my life

"당신의 이야기는 누구의 마음속에
어떻게 남아 있기를 바라나요?"

20

죽음은 존재의 빛을 비춘다

    죽음은 우리 존재의 본질을 드러내는 가장 정직한 빛이다. 우리는 살아가며 수많은 역할을 수행하고, 때로는 가면을 쓰며 자신을 감춘다. 직장에서의 '유능한 동료', 친구들 사이의 '재밌는 사람' 같은 모습들이 진짜 나를 덮어버린다. 그러나 죽음이 다가올수록 그 가면은 하나둘 벗겨지고, 가장 근원적인 내가 드러난다.

    그 빛은 두렵고 불편하다. 병실 창가로 스며드는 햇살처럼 너무 따갑고 선명해 외면하고 싶어지기도 한다. 그러나 결국 우리는 그 빛 속에서 자기 자신과 마주할 수밖에 없다.

타인의 기대나 세상의 기준이 아니라, 오직 스스로에게 묻게 된다. 나는 어떤 삶을 살아왔는가? 무엇이 진짜로 소중했는가?

그 질문 앞에서 우리는 알게 된다. 죽음은 단순한 끝이 아니다. 삶의 본질을 비추는 빛이며, 우리를 다시 시작하게 만드는 계기다. 그 빛을 두려워하지 않고 받아들일 때, 지금의 삶은 더 정직해지고, 한층 자유로워진다.

A meaningful question about my life

"당신은 죽음이라는 빛 앞에서
어떤 자신을 만나고 싶은가?"

죽음을 생각할 때,
삶은 더 선명해진다

삶이란 어쩌면 '남은 시간'을 어떻게 채우느냐의 문제다. 오늘이 마지막이라면 무엇을 할 것인가? 누구를 만나고, 어떤 말을 남기겠는가? 죽음을 생각하는 순간, 삶의 농도는 짙어진다. 이 장은 죽음을 용기 있게 자각하며, 삶을 어떻게 뜨겁게 살아내는지에 대한 이야기다.

제 2 장

삶을 절실히 살아낸다는 것

#21

오늘 하루가 전부라면...

　만약 오늘이 내 인생의 마지막 하루라면, 나는 어떻게 시간을 보내고 싶을까? 이 질문은 무심히 흘려보내던 하루를 전혀 다른 빛으로 바꿔 놓는다. 우리는 늘 내일이 올 것이라 믿으며 소중한 순간들을 놓치곤 한다. 그러나 오늘이 전부라는 사실을 받아들이는 순간, 매일의 말과 행동 하나에도 무게가 생긴다.

　마지막 하루라면, 미뤄둔 말들을 꺼낼 용기가 생길 것이다. 고마웠던 이에게 마음을 전하고, 사랑하는 이의 손을 오래 붙잡고 싶을 것이다. 늘 보던 거리와 집 앞 나무, 저녁 식

탁의 웃음까지도 새삼 눈부시게 다가올 것이다. 평범했던 순간들이 마지막이라는 이름을 붙는 순간, 특별한 기억으로 변한다.

삶의 유한함은 매일을 선물로 바꾼다. '마지막'이라는 전제는 지금을 붙잡게 하고, 하루를 더 진심으로 살도록 이끈다. 그렇게 오늘을 충실히 살아낼 때, 우리는 비로소 살아있다는 사실을 온몸으로 느끼게 된다.

만약 오늘이 마지막이라면, 당신은 누구와 어떤 시간을 보내고 싶은가? 그리고 어떤 말을 남기고 싶은가? 그 대답 속에 지금 당신이 어떻게 살아야 하는지가 고스란히 담겨 있다.

A meaningful question about my life

"오늘이 마지막 하루라면,
당신은 어떤 삶을 살고 싶나요?"

22

살고 있는가, 버티고 있는가

　우리는 흔히 '살고 있다'고 말하지만, 그 삶이 정말 살아 있는 것인지, 아니면 그저 버티고 있는 것인지 구별하기는 어렵다. 반복되는 하루 속에서 우리는 무심히 시간을 흘려보내고, 때로는 내일을 기다리며 그저 견디기도 한다. 그러나 죽음이라는 한계를 의식할 때, '살아 있음'과 '버팀'의 차이는 선명하게 드러난다.

　살아 있는 삶은 순간을 자각하며 스스로 선택한 길을 걸어가는 것이다. 그 하루는 단순한 생존이 아니라 내가 존재하고 있다는 증거가 된다. 반대로 버티는 삶은 주도권을 잃고 외부에 휘둘리며 의미 없이 흘러가는 상태다. 그렇게 살다 보면 어느새 나의 방향은 흐려지고 만다.

죽음을 떠올리는 것은 곧 내가 지금 어디에 있는지 돌아보는 일이다. 유한한 삶은 무기력한 버팀에서 벗어나 더 진실한 삶으로 나아가게 한다. 매일의 선택에 마음을 담고, 소중한 사람과 진심을 나누며, 나 자신을 존중하는 삶. 그 안에서 우리는 비로소 '살아 있음'을 느낀다.

지금 당신은 진짜로 살고 있는가, 아니면 그저 버티고 있는가? 죽음은 이 질문 앞에 서게 만들고, 그 질문은 우리를 삶의 주인으로 이끄는 용기를 준다.

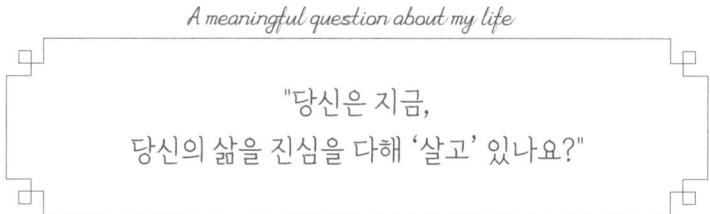

# 23

죽음을 기억할 때, 사랑은 커진다

    죽음이라는 사실이 마음에 깊이 자리할 때, 우리는 사랑을 더 절실히 느끼고 자연스럽게 표현하게 된다. 삶이 반드시 끝난다는 진실은 곁에 있는 사람들의 존재를 더욱 귀하게 만든다. 언젠가 떠날 수 있다는 생각은, 식탁에서 건네던 웃음이나 잠들기 전의 짧은 대화 같은 순간들조차 특별한 빛으로 바꿔 놓는다.

    쇼펜하우어는 "죽음을 생각하는 사람은 삶을 더 열심히 산다"고 말했다. 죽음을 진지하게 인식하면, 우리는 사랑을 미루지 않고 솔직히 드러낼 용기를 얻게 된다.

사랑은 시간을 넘어설 수 있지만, 살아 있는 동안 전하지 못한 사랑은 쉽게 희미해진다. 죽음을 의식하는 순간, '고마워', '사랑해', '미안해'라는 말은 더 이상 미룰 수 없는 고백이 된다.

죽음은 마음의 벽을 허물고 우리를 더 깊고 진실한 관계로 이끈다. 함께할 시간이 유한하다는 깨달음은, 사랑하는 이의 이야기를 더 오래 듣고, 더 많이 이해하며, 더 가까이 다가서려는 마음으로 바꿔 놓는다.

지금 당신은 사랑하는 이에게 어떤 말을 건네고 싶은가? 오늘이 그 마음을 전할 수 있는 마지막 기회일지 모른다. 삶의 유한함을 깨닫는 순간, 사랑은 더 이상 미뤄둘 수 없는 언어가 된다.

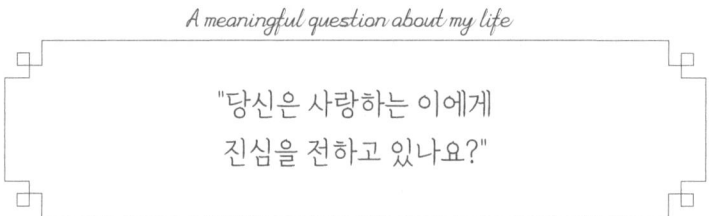

#24

삶은 사건이 아니라 감정이다

우리는 종종 인생을 특별한 사건이나 성취의 연속으로 여긴다. 그러나 삶의 진짜 본질은 그 사건들이 남긴 마음의 떨림에 있다. 죽음을 가까이서 떠올릴 때 비로소 깨닫는다. 중요한 것은 '무엇을 이루었는가'가 아니라, 그 순간에 '어떤 감정을 느꼈는가'라는 사실이다.

기쁨, 슬픔, 사랑, 후회 같은 감정들이 하루하루 쌓이며 우리의 삶을 만든다. 그 감정의 깊이가 곧 삶의 깊이다. 아무리 눈부신 성취라도 내 마음을 움직이지 못하면 공허하다. 반대로 아주 사소한 순간이라도 진심으로 느낀 감정은 오래도록 삶을 풍요롭게 한다.

 죽음은 우리로 하여금 이 감정들을 더 절실히 마주하게 한다. 끝을 의식하는 순간, 무심히 스쳐 지나가던 작은 감정들조차 소중해지고, 내면의 목소리에 더 귀 기울이게 된다. 죽음을 생각하는 일은 결국, 내 안의 진짜 마음을 존중하며 살아가겠다는 다짐이다.

 오늘 당신의 하루는 어떤 감정으로 채워져 있는가? 그 감정이야말로 당신이 살아 있음을 증명하는 가장 솔직한 흔적일지 모른다.

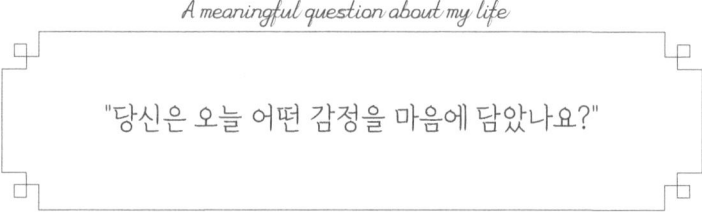

"당신은 오늘 어떤 감정을 마음에 담았나요?"

25

내가 진짜 원하는 삶이란...

    살면서 우리는 수많은 기대와 역할 속에 갇혀 지낸다. 가족, 사회, 일, 타인의 시선을 좇다 보면 정작 '나' 자신이 무엇을 원하는지 잊어버리기 쉽다. 그러나 죽음을 떠올리는 순간만큼은 모든 외부의 소음이 잠시 멈추고, 내면의 목소리가 또렷하게 들려온다.

    그 목소리는 묻는다. 진짜 내가 원하는 삶은 무엇인가? 성공과 명예, 부의 축적일까, 아니면 사랑하는 이와 함께 나누는 저녁의 웃음, 작은 기쁨, 마음 깊은 곳의 평화일까? 죽음을 의식할 때 이 질문은 더 이상 미룰 수 없는 과제가 되고,

그 물음에 답하려는 노력은 삶의 방향을 근본적으로 바꾸게 된다.

겉으로 보이는 성취나 타인의 기준이 아니라, 내 마음의 울림을 따라 삶을 선택할 때, 그제야 우리는 '내가 원하는 삶'을 살고 있다고 말할 수 있다.

지금 당신의 삶은 어디를 향해 흐르고 있는가? 죽음이 던지는 이 물음 앞에서 솔직해질 때, 우리는 비로소 스스로에게 진실해지고, 하루하루를 더 의미 있게 살아갈 힘을 얻게 된다.

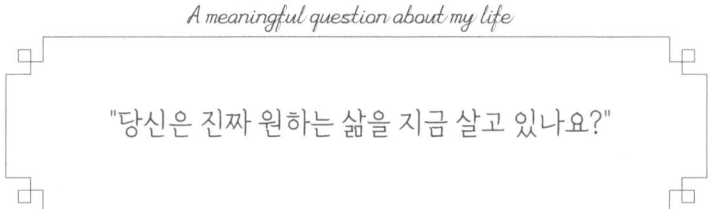

살아 있음에 감사하는 연습

삶의 무게와 바쁨에 치이다 보면 우리는 자신이 '살아 있다'는 사실조차 쉽게 잊는다. 눈을 뜨고 숨 쉬며 하루를 시작하는 일, 사랑하는 이와 웃으며 밥을 먹는 일조차 당연한 것처럼 지나가 버린다. 그러나 죽음을 떠올리는 순간, 이 평범한 장면들이 얼마나 큰 기적이자 선물인지 선명해진다.

죽음은 우리에게 묻는다. "너는 지금 살아 있음을 충분히 누리고 있는가?" 그 질문 앞에서야 우리는 사소해 보였던 순간들의 가치를 깨닫는다. 아침 햇살에 눈을 뜨는 일, 걸음을 내딛는 힘, 곁에 있는 사람의 웃음소리... 이 모든 것은 언제나 주어진 것이 아니라, 매일 새롭게 주어지는 축복이다.

감사는 그 축복을 자각하는 태도다. 익숙함 속에 숨은 특별함을 드러내고, 흔한 하루를 충만한 시간으로 바꿔 준다. 죽음을 의식할 때, 감사는 더 이상 미덕이 아니라 삶을 붙잡는 가장 본질적인 힘이 된다.

오늘, 당신은 무엇에 감사하고 있는가? 그 마음을 발견하는 순간, 우리는 단순히 '살아 있는 것'이 아니라 '살아 있음의 기적'을 누리고 있다는 사실을 깊이 알게 된다.

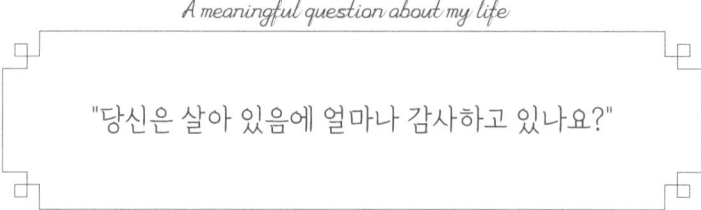

A meaningful question about my life

"당신은 살아 있음에 얼마나 감사하고 있나요?"

#27

멈춰야 보인다

현대 사회는 눈 깜짝할 사이에도 변하고 움직인다. 우리는 끊임없이 무언가를 해내야 한다는 압박 속에서 하루를 소모하듯 살아간다. 그러나 죽음이라는 명확한 현실을 떠올릴 때, 그 빠른 흐름 속에서 잠시 멈추는 일이 얼마나 중요한지 비로소 깨닫게 된다. 끝이 있다는 사실이 멈춤의 가치를 일깨우는 것이다.

멈춘다는 것은 단순히 움직임을 멈추는 것이 아니다. 내면을 들여다보고, 나 자신과 조용히 마주하는 시간이다. 그 고요한 순간은 삶의 방향을 되짚게 하고, 진정한 변화의 씨앗

이 된다. 아무리 화려한 성취라도 나 자신을 잃은 채 앞으로 나아간다면 결국 공허할 뿐이다.

우리는 종종 가족과의 짧은 대화, 친구의 미소, 스스로에게 허락한 작은 여유조차 잊고 산다. 그러나 죽음을 의식하는 순간, 바로 그런 사소한 일상이야말로 삶을 이루는 가장 본질적인 장면임을 알게 된다.

그래서 잠시 멈추는 연습이 필요하다. 하루 중 단 몇 분이라도 깊이 숨을 들이쉬고, 지금 이 순간에 온전히 머문다면, 삶은 더 충만하고 평화로워질 것이다.

A meaningful question about my life

"당신은 스스로를 제대로
바라볼 여유로운 시간을 가지고 있나요?"

28

죽음이 가까울수록 삶은 풍성해진다

죽음이 가까워질수록 많은 사람들이 삶의 진정한 의미를 발견한다고 한다. 남은 시간이 한정되어 있다는 자각은 우리의 시선을 단순하게 만들고, 진짜 중요한 것에 집중하게 한다. 그래서 아이러니하게도, 죽음을 의식할수록 삶은 오히려 더 깊고 풍성해진다.

가까운 이의 죽음을 겪거나, 스스로의 한계를 실감한 사람들은 일상의 작은 순간에서 더 큰 기쁨과 감사함을 느낀다. 창문 너머 스며드는 햇살에 잠시 눈을 감고 머무는 일, 길가에 피어난 꽃에 발걸음을 멈추는 일, 사랑하는 이와 나누는 짧은 대화 속 웃음... 익숙했던 장면들이 전보다 더 밝게 빛나고, 당연했던 일상이 선물처럼 다가온다.

죽음은 어쩌면 삶의 풍요로움을 가르쳐주는 조용한 스승일지도 모른다. 그 스승은 말없이 우리 앞에 서서, 무엇을 붙들고 무엇을 놓아야 하는지 묻는다. 그 물음 앞에서 사람과의 관계는 더 진실해지고, 말과 행동은 한층 더 따뜻해진다.

죽음을 진지하게 인식할 때 우리는 삶의 가치를 다시 묻게 된다. 중요한 것은 얼마나 오래 사느냐가 아니라, 얼마나 진심으로 살아내느냐는 물음이다. 삶은 단순한 생존의 연장이 아니라, 마음 깊이 느끼고 연결되는 순간들로 채워져야 한다.

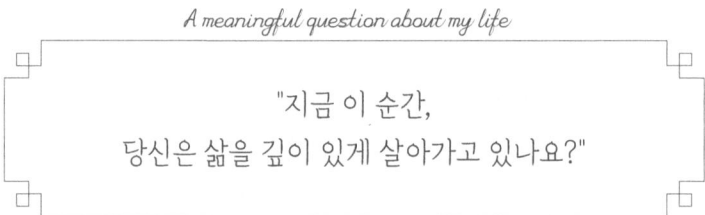

A meaningful question about my life

"지금 이 순간,
당신은 삶을 깊이 있게 살아가고 있나요?"

29

마지막 하루처럼 일상을 살아보기

　누구에게나 언젠가는 마지막 하루가 찾아온다. 그날이 멀지 않았다고 상상해 본 적이 있는가? 만약 단 하루만 남았다면 우리는 무엇을 할까? 아마도 가장 사랑하는 사람들과 함께하며, 그동안 전하지 못한 마음을 털어놓고, 평소 미뤄둔 이야기를 나누려 할 것이다. 작은 순간에도 감사하며, 오늘을 온전히 느끼고, 후회 없이 하루를 마무리하고 싶어질 것이다.

　바로 그렇기에 많은 사람들이 죽음을 가까이서 의식할수록 삶의 가치와 의미를 더욱 선명하게 깨닫는다. 평범한 일상 속에서도 소중함을 발견하고, 당연히 여겼던 것들에 감사하며, 관계 속에서 더 진심을 다하게 되는 것이다.

철학자 마르쿠스 아우렐리우스는 "오늘 죽을 것처럼 살아라. 미래에 대해 낭비하지 말라"고 말했다. 이 말은 우리에게 현실을 도피하라는 뜻이 아니라, 오히려 지금 이 순간에 충실하게 살라는 강력한 메시지이다.

오늘을 마지막인 듯 살아간다는 것은 삶의 방식을 바꾸고, 불필요한 무게를 내려놓으며, 진정한 행복에 한 걸음 더 다가서는 길이다. 그 마음가짐이 있다면, 평범한 하루도 삶 전체를 빛나게 하는 가장 소중한 장면이 될 것이다.

A meaningful question about my life

"매일을 마지막 날처럼 산다면,
내 삶은 어떻게 달라질까요?"

#30

사소한 것들이 삶의 본질이다

우리의 일상은 크고 특별한 일들만으로 이루어지지 않는다. 오히려 따뜻한 커피 한 모금, 창가에 스며든 햇살, 스쳐 가는 미소, 고요한 밤의 정적 같은 작은 순간들이 모여 삶의 깊이를 만든다. 그러나 우리는 종종 이런 평범함을 지나쳐 버린다. 눈에 띄는 성취나 결과에만 매달리다 보면, 정작 '지금 이곳'의 소중한 선물을 놓치기 쉽다.

죽음을 가까이서 떠올릴 때, 비로소 이런 순간들의 값어치가 선명해진다. 시간이 줄어든다는 사실은 하루의 사소한 풍경에도 새로운 빛을 더한다. 당연하게 여겼던 것들이야말로 삶의 본질이었다는 깨달음이 찾아온다.

　작은 순간을 붙드는 일은 내면을 들여다보는 일이며, 감사의 마음을 키우는 훈련이다. 거창한 목표보다 오늘의 숨결과 대화, 따뜻한 손길이 삶을 채운다는 사실을 알게 될 때, 우리는 진짜 풍요를 느낀다.

　삶의 본질은 멀리 있지 않다. 언제나 곁에 있는 작고 평범한 순간 속에서 우리를 항상 기다리고 있다. 그 순간들을 알아보고 품어낼 때, 우리는 비로소 진정한 삶을 살아가고 있다고 말할 수 있다.

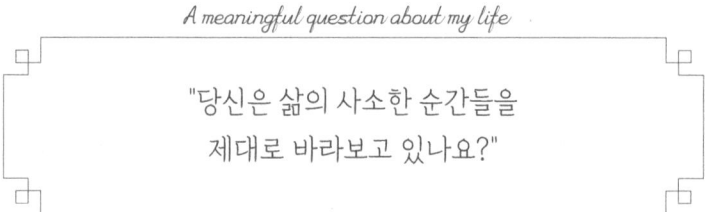

A meaningful question about my life

"당신은 삶의 사소한 순간들을
제대로 바라보고 있나요?"

31

모든 선택은 유한성 위에 있다

우리의 삶은 수많은 선택의 연속이다. 아침에 어떤 옷을 입을지, 무엇을 먹을지 같은 사소한 결정에서부터, 직업을 바꾸거나 사랑을 이어갈지와 같은 중대한 결단까지. 이 모든 선택이 모여 지금의 나를 만든다. 그러나 우리가 자주 잊는 사실이 있다. 모든 선택은 끝이 있는 시간 위에서만 가능하다는 것이다.

삶이 유한하다는 자각은 선택에 무게를 더한다. 시간이 무한하다고 믿으면 결정을 미루고 가볍게 여기기 쉽지만, 남은 시간이 제한되어 있음을 알면 진짜 중요한 것에 집중하게 된다. 무엇을 선택하고 무엇을 내려놓아야 하는지, 우리는 더 진지하게 고민하게 된다. 죽음을 떠올린다는 것은 곧 삶의 우선순위를 다시 세우는 일이다.

하루를 어떻게 보낼지, 누구와 시간을 나눌지, 어떤 마음으로 살아갈지를 정하는 작은 선택들조차, 유한한 삶 안에서는 모두 소중한 출발점이 된다.

삶의 끝은 무한한 가능성을 주지 않는다. 그러나 바로 그 한계 덕분에 우리는 더 진실하고 깊이 있는 선택을 하게 된다. 그리고 그 선택의 순간들이 쌓여, 비로소 나만의 삶을 완성해 간다.

A meaningful question about my life

"당신의 유한한 남은 시간을
어떤 선택으로 채울 예정이신가요?"

32

나는 어떤 사람으로 기억되고 싶은가

　우리 인생의 마지막 장면을 떠올려 보면, 마음속에 가장 깊이 남는 것은 돈이나 지위, 눈에 보이는 성취가 아니다. 병실 침대에 누워 과거를 돌아보는 그 순간, 스치는 것은 승진 통보나 통장 잔고보다도 함께 웃던 얼굴들, 고맙다고 말하지 못한 사람들이다. 그리고 '나는 어떤 사람으로 기억될까'라는 질문이 조용히 다가온다.

　우리가 남긴 말과 행동, 태도는 누군가의 마음속에 오래도록 흔적을 남긴다. 무심한 한마디, 바쁘다는 이유로 건너뛴 인사, 그런 작은 순간들이 누군가에겐 하루를 밝혀주는 빛이 되기도 하고, 지울 수 없는 상처가 되기도 한다. 그래서 "나는 누구에게 어떤 사람으로 남고 싶은가"라는 물음은 단순한 호기심이 아니라, 삶의 방향을 정하는 나침반이 된다.

기억은 형태 없는 유산이다. 하지만 그 힘은 눈에 보이는 재산보다 오래 남는다. 시간이 흘러 누군가가 내 이름을 떠올릴 때 미소가 지어진다면, 나는 그 사람 안에서 여전히 살아 있는 것이다. 반대로 등을 돌리게 만드는 기억만 남겼다면 그것 또한 내 삶의 결과이다. 그렇기에 오늘의 태도, 말투, 표정 하나가 결국 내 삶을 증명하는 가장 진실한 기록이 된다.

A meaningful question about my life

"죽음 이후에도 당신이 남길 가장 선명한 기억은 무엇인가요?"

#33

아직 고백하지 못한 마음이 있다면

살다 보면 마음속에 수많은 감정이 쌓인다. 사랑, 감사, 미안함... 그러나 그 많은 감정들 중 상당수는 끝내 말로 전해지지 못한 채 마음속에 머무른다. 시간이 흐를수록 표현하지 못한 감정은 짐이 되고, 죽음을 가까이 마주할 때 그 말하지 못한 진심은 깊은 후회로 되돌아온다.

우리는 흔히 '언젠가 전하겠지'라며 감정을 미루곤 한다. 하지만 그 '언젠가'는 누구에게도 약속되어 있지 않다. 죽음은 언제, 어떤 모습으로 다가올지 알 수 없고, 말하지 못한 마음은 그 순간 함께 사라진다. 진심은 표현될 때에야 비로소 관계를 움직이고, 우리 자신의 상처도 치유한다. 끝내 전하지 못한 고백은 삶에 남는 가장 깊은 상처가 되기도 한다.

『죽기 전에 후회하는 다섯 가지』의 저자 브로니 웨어는 말했다. "사람들이 죽음 앞에서 가장 많이 후회한 것은 자신의 감정을 솔직하게 표현하지 못한 것이었다." 말하지 못한 진심은 내 마음속에만 갇혀, 시간이 갈수록 무겁고 아프게 자리 잡는다.

시간은 기다려주지 않는다. 그래서 지금, 용기를 내야 한다. 작고 조용한 한마디라도 괜찮다. 진심은 언제나 누군가의 마음을 움직이는 힘이 있다. 아직 전하지 못한 마음이 있다면, 오늘이 바로 그 말을 꺼낼 가장 좋은 날이다. 그리고 그 한마디가 누군가의 삶뿐 아니라, 당신 자신의 삶까지도 가볍게 바꿔놓을 수 있다.

A meaningful question about my life

> "당신은 오늘, 숨겨둔 진심을 꺼내어
> 전할 준비가 되어 있나요?"

죽음을 생각할수록 오늘이 귀하다

마르틴 하이데거는 "인간은 자신의 죽음을 '존재'로서 받아들일 때, 비로소 '진정한 현재성'을 획득한다"고 말했다. 이 말은 곧 죽음을 깊이 자각할 때에야 지금 이 순간, '오늘'을 온전히 살아낼 수 있다는 뜻이다. 평소에는 무심코 흘려보내던 하루가, 죽음이라는 불가피한 현실을 떠올리면 전혀 다른 시각으로 다가온다.

죽음이 가까이 있음을 인식하는 순간, 우리는 더 이상 시간을 흘려보내고 싶지 않다는 마음을 갖게 된다. 미뤄두었던 말과 행동을 주저하지 않고 실천하며, 사랑하는 이와의 시간을 놓치지 않기 위해 더욱 애쓴다. 무엇보다도 사소한 기쁨에도 감사하며 하루를 충실히 채워간다. 이렇게 죽음은 우리에게 오늘의 소중함과 삶의 본질을 일깨워주는 조용한 스승이 된다.

죽음의 무게에 눌려 두려워하는 것이 아니라, 그 인식을 삶의 빛으로 삼는 자세가 필요하다. 언젠가 끝날 것을 알기에 우리는 지금을 더 치열하게 살아갈 수 있다. 삶은 유한하기 때문에 귀하고, 그 유한성은 오늘이라는 시간이 단순한 하루가 아니라 찬란한 선물임을 새삼 일깨워준다.

A meaningful question about my life

"당신은 지금, 오늘이라는
선물을 어떻게 쓰고 있나요?"

… #35

매일 쓰는 삶의 유언장

우리는 살아가며 '언젠가 정리해야지' 하고 미뤄두는 것이 많다. 전하지 못한 진심, 꺼내지 못한 고백, 이루지 못한 꿈들... 그러나 죽음이 가까워질수록, 바로 그 미뤘던 것들이 마음을 가장 무겁게 짓누른다는 사실을 알게 된다. 삶의 유한성을 진심으로 받아들일 때, 우리는 매일을 마치 '삶의 유언장'처럼 진심을 다해 살아가려는 태도를 갖게 된다.

미셸 드 몽테뉴는 "죽음은 우리 삶의 목적이 아니라, 삶을 가꾸는 하나의 도구다"라고 말했다. 그는 죽음을 두려움의 종착점이 아니라, 삶을 더 깊이 성찰하게 만드는 계기로 보았다. 죽음을 의식한다는 것은 단순히 마지막을 준비하는 일이 아니라, 지금 이 순간을 어떻게 더 진실하게 살아갈 것인가를 묻는 일이다.

내일이 보장되지 않은 우리에게, 오늘 하루를 온전히 살아내려는 태도는 삶에 대한 가장 깊은 책임이자 사랑이다. 그 하루하루가 모여 결국 우리의 인생을 만들고, 누군가에게는 따뜻한 유산이 된다. 죽음을 인식할수록 삶은 또렷해지고, 오늘이라는 시간은 더욱 빛난다.

A meaningful question about my life

"당신은 오늘, 어떤 이야기를
자신의 삶의 유언장에 남기고 있나요?"

 # 36

사랑을 표현하는 법을 배우는 일

사랑은 단지 말로만 전해지는 것이 아니다. 눈빛, 행동, 그리고 아무렇지 않게 건네는 커피 한 잔 속에서도 마음은 드러난다. 바쁜 하루 중 문득 "밥은 먹었어?" 하고 묻는 말, 말 없이 옆에 앉아주는 시간… 어쩌면 이런 순간들이 말보다 더 깊은 사랑의 표현일지도 모른다.

그러나 우리는 종종 진심을 전하는 데 서툴다. 어색할까 망설이고, 거절당할까 두려워하며, 예전에 받은 상처가 떠올라 마음을 닫아버리기도 한다.

사랑을 표현한다는 것은 단순히 '사랑해'라는 말을 전달하는 것이 아니다. 때론 말보다 더 큰 힘을 가진 진심어린 이해와 공감이 필요하다. 또한 나를 내려놓고 상대의 입장에서 생각하는 태도, 그리고 내 진심을 솔직하게 꺼내는 용기가 사랑을 전하는 데 가장 중요한 요소가 된다.

사랑은 연습이 필요한 삶의 기술이다. 진심이 전해질 때 관계는 더욱 단단해지고, 서로에 대한 신뢰도 깊어진다. 그 표현은 나 자신과의 대면이기도 하다. 내 마음을 제대로 들여다볼 수 있어야, 비로소 그 감정이 상대에게 닿을 수 있기 때문이다.

죽음이라는 유한함을 의식할수록, 사랑을 표현하는 일은 더 절실해진다. 그래서 지금 이 순간, 사랑을 전하는 법을 배우는 것은 후회 없는 삶을 위해 반드시 필요한 연습이다.

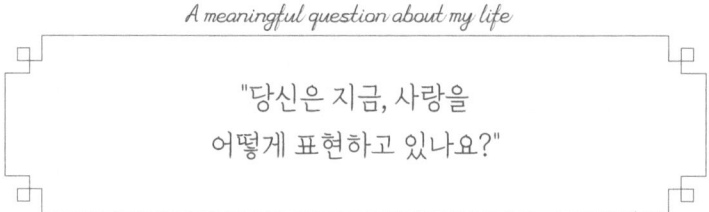

A meaningful question about my life

"당신은 지금, 사랑을 어떻게 표현하고 있나요?"

37

슬픔은 사랑의 또 다른 이름

죽음은 삶의 무게를 실감하게 만드는 가장 혹독한 현실이다. 그러나 그 앞에서 우리가 마주하는 슬픔은 단순한 상실의 고통이 아니다. 그것은 우리가 누군가를 얼마나 깊이 사랑했는지를 보여주는 말 없는 증거다. 장례식장에서 흐느끼는 어깨, 고인의 사진 앞에서 멈춰 선 눈길, 문득 떠오른 목소리에 차오르는 울음... 이 모든 장면이 사랑의 깊이를 말해준다.

슬픔은 사랑의 또 다른 얼굴이다. 휴대폰에 뜬 생일 알림, 함께 걷던 길을 홀로 걷게 되는 순간 속에서, 떠난 이는 여전히 내 마음에 살아 있다. 그리움은 지나간 시간을 다시 불러내고, 상실의 아픔은 우리가 어떻게 사랑했고, 또 어떻게 기억하는지를 드러낸다.

 죽음이 끝이 아니라 또 다른 시작이듯, 슬픔 또한 고통 너머에 있는 사랑이 남긴 언어다. 그러니 슬픔을 두려워하지 말라. 그것은 당신이 진심으로 사랑했고, 지금도 여전히 살아 있음을 보여주는 가장 깊은 흔적이다.

A meaningful question about my life

"당신은 슬픔을 어떻게 마주하고 있나요?"

38

삶의 질문을 바꾸는 죽음의 지혜

죽음은 우리 삶의 질문을 바꾸어 놓는다. 우리는 흔히 평소에는 '어떻게 건강히 오래 살 것인가', '무엇을 더 가질 것인가'에 마음을 쏟는다. 하지만 죽음을 마주하는 순간, 그 물음은 '어떻게 의미 있게 살 것인가'로 바뀐다. 시간이 유한하다는 깨달음은 삶의 초점을 달리하게 만들고, 표면적인 욕망이나 일시적인 성취보다 더 깊은 가치를 찾게 한다.

질문이 바뀌면 태도도 달라진다. 사소한 갈등과 미련은 점점 사라지고, 진심으로 소중한 관계에 마음을 쓰게 된다. 순간적인 쾌락보다 내면의 평화가, 외적인 성취보다 진실한 사랑이 더 큰 무게를 지닌다. 죽음은 우리에게 무엇을 위해 살아야 하는지 묻고, 삶의 방향을 다시 세우게 한다.

그 물음을 따라가다 보면 우리는 조금 더 관대해지고, 지금 이 순간을 아끼는 법을 배운다. 죽음은 끝의 그림자가 아니라, 삶을 새롭게 비추는 등불이다. 그 빛은 우리가 진정 원하는 삶을 선택하도록 안내한다.

A meaningful question about my life

"당신은 지금 어떤 질문으로
하루를 살아가고 있나요?"

죽음을 사랑한다는 건
지금을 사랑하는 것이다

죽음을 받아들이고 사랑한다는 것은 단순히 삶의 끝을 인정하는 데서 멈추지 않는다. 그것은 오히려 지금 이 순간을 더 깊이 껴안으려는 태도다. 죽음을 의식할수록 우리는 시간의 유한함을 절실히 느끼고, 그제야 매일의 하루가 얼마나 귀한지 깨닫게 된다. 두려움 대신 죽음을 품을 때, 삶은 한층 더 선명해지고, 사소한 기쁨조차 놓치지 않게 된다.

갑작스러운 큰 병 진단을 받은 한 지인은 병상에서 웃으며 내게 이렇게 말했다.

"차 한 잔을 마시거나, 산책을 하는 일이 이렇게 아름다운 일인 줄 몰랐다."

그가 말할 때 창밖의 햇살이 그의 얼굴을 비췄고, 그 순간 평범했던 일상이 유한함 속에서 비로소 특별해졌다.

죽음을 가까이 두고 산다는 것은 매일의 의미를 다시 새기는 일이다. 중요한 것은 '얼마나 오래 사느냐'가 아니라 '어떻게 살아가느냐'다. 죽음을 사랑한다는 것은 곧 일상에서 감사함을 발견하고, 관계 속에서 진심을 나누며, 자신을 있는 그대로 받아들이는 삶을 의미한다. 죽음의 무게는 오히려 지금 누리는 삶의 풍요로움과 맞닿아 있다.

결국 죽음을 사랑한다는 것은 지금을 사랑하는 것이다. 죽음의 두려움을 넘어 매 순간 마음을 열고 삶에 진심을 다할 때, 우리는 비로소 죽음마저 빛나게 하는 삶의 가장 깊은 기쁨을 맛본다.

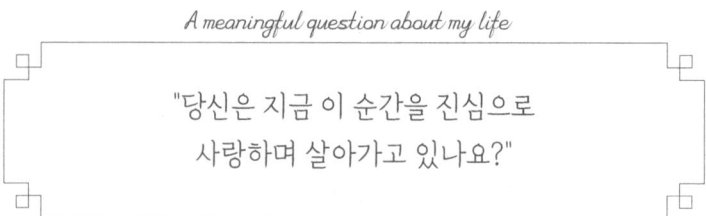

A meaningful question about my life

"당신은 지금 이 순간을 진심으로
사랑하며 살아가고 있나요?"

#40

내일이 없다는 전제로 오늘을 살아라

내일이 반드시 올 거라는 보장은 없다. 이 단순한 진실을 마음 깊이 받아들일 때, 우리는 매일의 삶을 전혀 다른 눈으로 바라보게 된다. '내일이 없을 수도 있다'라는 전제 아래 오늘을 살아간다는 것은 두려움에 휘둘리는 삶이 아니라, 지금 이 순간을 충실히 껴안으려는 태도다. 그럴 때 평범해 보였던 일상은 더 이상 당연하지 않게 다가온다.

오늘을 온전히 산다는 것은 불확실한 내일 앞에서 삶의 중심을 바로 세우는 일이다. 인생은 거창한 계획보다 매 순간의 선택으로 이루어진다. 내일의 걱정에 사로잡혀 오늘을 흘려보낸다면 결국 남는 것은 후회뿐이다. 우리가 확실히 가질 수 있는 시간은 언제나 지금뿐이다.

그러니 매일 아침 스스로에게 묻자.
"내일이 없다면, 나는 오늘을 어떻게 살 것인가?"

이 질문 앞에서 우리의 선택은 달라진다. 더 진솔해지고, 더 용기 있게 사랑하며, 미뤄둔 일을 오늘 시작하게 된다. 꺼내지 못했던 마음을 전하고, 사소한 순간도 선물처럼 받아들이게 된다. 그것이 바로 우리가 살아 있는 지금 누릴 수 있는 가장 확실한 행복이자, 삶을 의미 있게 만드는 길이다.

A meaningful question about my life

"내일이 오지 않는다면,
당신에게 오늘 가장 소중한 것은 무엇인가요?"

죽음은 곁에 있는
사람과의 관계를 되묻게 한다.

우리는 모두 언젠가 이별한다. 그러나 정작 이별을 준비하는 법을 배우지 못한 채 산다. 이 장은 작별의 순간에 비로소 드러나는 진심, 용서하지 못한 말, 말하지 못한 사랑에 관한 이야기다. 죽음은 관계에 대해 다시 생각하게 만드는 근원적인 사건이다.

제 3 장

이별에 대하여:
관계의 끝, 그리고 남은 말들

언젠가의 작별을 위한 오늘

우리는 매일 인사를 나누고, 다시 만날 것을 당연하게 여기며 돌아선다. 하지만 언젠가 반드시 찾아올 '작별'은 누구에게나 예고 없이 닥친다는 사실을 잊곤 한다. 전하지 못한 고마움, 풀지 못한 오해, 표현하지 못한 사랑... 우리는 늘 다음 기회가 있으리라 믿지만, 삶은 그리 너그럽지 않다.

죽음을 의식하며 살아간다는 것은 차가움이 아니라 오히려 따뜻함이다. 언젠가 이별이 온다는 사실을 받아들이면, 오늘의 말과 행동은 저절로 더 정성스러워진다. 오늘이 누군가와 함께할 마지막 날일지도 모른다는 마음은 관계의 소중함을 더욱 선명하게 비춘다. 무심히 지나쳤던 눈빛 하나, 평범한 대화 한 줄마저도 마음속에 오래 남는다.

 사랑을 전하는 일, 용서를 구하는 일, 아무렇지 않은 하루에 조용히 감사를 표현하는 일. 그렇게 쌓여가는 평범한 오늘들이 모여 우리의 삶을 이룬다. 그리고 그 삶은 언젠가의 이별을 두려움이 아니라, 함께했던 시간에 대한 깊은 감사로 맞이하게 한다.

A meaningful question about my life

"전하지 못한 고마움과 사랑을
미루고 있지는 않으신가요?"

42

'미안해'보다 '사랑해'가 먼저

　우리는 시간이 지날수록 소중한 이에게 "사랑해"라는 말을 점점 덜 하게 된다. 마음은 분명하지만, 막상 입 밖으로 꺼내려 하면 어색하고 멋쩍다. 그렇게 망설이는 사이, 전하지 못한 마음은 가슴속에만 머물다 조금씩 멀어진다.

　사랑을 표현하는 데에는 연습이 필요하다. 아무리 깊이 느껴도 말하지 않으면 전해지지 않고, 전해지지 않으면 없는 것처럼 느껴진다. 그래서 우리는 소중한 이를 떠나보낸 뒤에야 "사랑했다"고 고백하며, 그 빈자리를 "미안해"로 채우려 한다. 그러나 그것은 사랑의 자리를 후회의 말로 대신하는 것일 뿐이다.

 죽음을 앞둔 이들의 가장 큰 후회도 다르지 않다. "더 자주 사랑한다고 말할걸. 더 많이 안아줄걸. 더 따뜻하게 표현할걸." 우리는 내일이 당연히 올 것이라 믿고 살아가지만, 삶은 언제나 그렇게 관대하지 않다.

 "사랑해"는 단순한 말이 아니다. 그것은 누군가를 진심으로 품고 있다는, 가장 인간다운 고백이다. 그러니 더 늦기 전에 사랑을 말하자. 관계를 회복시키는 것은 사과가 아니라 사랑이다. 우리가 서로에게 남길 수 있는 가장 따뜻한 말은 언제나 "사랑해"라는 사실을 잊지 말자.

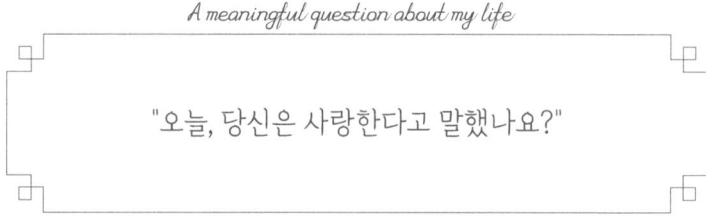

A meaningful question about my life

"오늘, 당신은 사랑한다고 말했나요?"

43

이별은 항상 갑작스럽다

 우리는 언제나 다음이 있을 거라 믿으며 하루를 살아간다. 다음 만남, 다음 대화, 다음 기회. 그래서 지금 이 순간을 대충 흘려보내기도 한다. 하지만 이별은 그런 우리의 믿음을 비웃기라도 하듯, 아무런 신호 없이 다가온다. 언제나처럼 평범했던 인사가, 어느 날 마지막이 되어버리는 것이다.

 사람들은 이별을 준비한다고 말하지만, 진짜 이별은 준비되지 않는다. 시간을 더 갖고 싶다고 해서 붙잡을 수 없고, 감정을 다 표현했다고 해서 미련이 사라지는 것도 아니다. 사랑하는 사람과의 작별, 오래 다닌 장소와의 이별, 내 안의 어떤 감정을 떠나보내는 일은 언제나 갑작스럽게 닥쳐온다.

이별이 늘 낯설고 아픈 이유는, 우리가 관계를 너무 쉽게 당연하게 여기기 때문이다. 오늘이 계속될 거라는 착각, 내일도 함께할 거라는 기대. 그런 안일함이 결국 준비되지 않은 이별을 만든다.

이별이 두렵다면, 오늘을 더 정성스럽게 살아야 한다. 지금의 대화, 지금의 눈빛, 지금의 손길이 마지막일 수도 있다는 사실을 잊지 말아야 한다.

이별을 두려워하지 않는 삶이란, 마지막 순간을 잘 준비하는 것이 아니라, 그날이 오기 전까지 매일을 진심으로 살아내는 것이다. 그래야 비로소, 예고 없는 이별 앞에서도 후회하지 않을 수 있다.

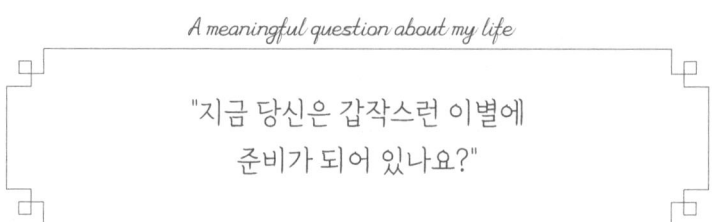

A meaningful question about my life

"지금 당신은 갑작스런 이별에
준비가 되어 있나요?"

남아 있는 사람의 몫

죽음은 한 사람의 이야기를 끝내지만, 남겨진 이들의 삶은 계속된다. 누군가를 떠나보내면 평범하던 일상이 흔들리고, 그 빈자리는 슬픔뿐 아니라 수많은 어려움을 불러온다. 그래서 애도란 단순히 울고 그리워하는 일이 아니라, 사라진 이를 가슴에 품고 새로운 하루에 적응해 가는 여정이다.

먼저 우리는 현실을 받아들여야 한다. 떠났음을 인정하지 못하면 마음의 상처는 더 깊어지고, 일상은 제자리를 잃는다. 그러나 상실을 품은 채 다시 살아가는 법을 배우는 순간, 우리는 조금씩 앞으로 나아간다. 남은 가족과 웃으며 밥을 먹고, 일을 이어가고, 다시 삶을 세워가는 것이다.

애도의 모습은 저마다 다르다. 어떤 이는 눈물 속에서 주변과 마음을 나누고, 또 다른 이는 조용히 혼자만의 시간을 보낸다. 어느 쪽이든 옳고 그름은 없다. 중요한 건 자신에게 맞는 호흡으로, 마음이 허락하는 만큼 조금씩 받아들이는 일이다.

죽음은 언제나 큰 변화를 남기지만, 그 슬픔 속에서도 우리는 살아간다. 애도는 남겨진 시간을 다시 바라보게 하는 길이고, 상실 너머에도 삶은 이어진다는 사실을 가르쳐준다.

A meaningful question about my life

"상실의 아픔을 딛고,
당신의 삶을 용기 있게 이어갈 준비가 되어 있나요?"

45

죽음이 관계를 정리해준다

　살아 있는 동안 우리는 수많은 사람과 관계를 맺는다. 어떤 관계는 자연스럽고 편안하지만, 어떤 관계는 불편함과 미완의 감정을 품은 채 이어지기도 한다. 작은 말 한마디, 풀지 못한 감정들이 쌓이며 관계는 점점 무거워진다. 그런데 죽음이 예기치 않게 찾아오면, 그 관계는 갑자기 끝나 버린다. 그제야 우리는 뒤늦게 생각한다. 무엇을 전하지 못했고, 어떤 마음을 남겨두었는지를.

　죽음은 어느 순간 예고 없이 관계의 끝을 고한다. 아이러니하게도 그때야 비로소 우리는 그 관계의 본질을 마주하게 된다. 억눌렸던 감정들이 솟구치고, 고마움과 원망, 그리움 같은 진심이 밀려든다. 죽음이 모든 것을 해결해 주진 않지만, 그 부재를 통해 오히려 관계의 소중함을 새삼 깨닫게 된다.

그래서 지금 이 순간, 미뤄둔 말과 감정을 조금 더 용기 내어 전해야 한다. '언젠가'라는 시간은 누구에게도 보장되지 않는다. 지금의 관계가 언제 끝날지 알 수 없기에, 죽음은 조용히 일러준다. 아직 기회가 있다면, 지금이 가장 빠른 때라고.

A meaningful question about my life

"혹시 아직 정리하지 못한 관계가 있지 않나요?"

# 46

누구에게 용서를 구할 것인가

용서는 인간관계에서 가장 깊고도 복잡한 감정 중 하나다. 사람과의 관계 속에서 우리는 때로 상처를 주고받고, 그 속에는 용서를 구해야 할 사람과 용서해야 할 사람이 생긴다. 그러나 용서는 단순히 잘못을 인정하거나 사과하는 데 그치지 않는다. 진정한 용서는 상처를 딛고 관계를 회복하며, 마음속 짐을 내려놓는 과정이다.

죽음이라는 경계 앞에서 우리는 누구에게 진심으로 용서를 구해야 할지 더욱 절실히 고민하게 된다. 가족일 수도, 친구일 수도, 혹은 오랫동안 멀어진 누군가일 수도 있다. 남은 시간이 얼마 없다는 사실은 미뤄둔 갈등과 상처를 정면으로 마주하게 만든다. 그때 용서를 구하는 일은 결코 부끄러운 행동이 아니다. 오히려 사랑과 성숙을 드러내는 용기이며, 관계를 회복하는 첫걸음이다.

 삶이 유한하다는 깨달음은 용서의 가치를 다시금 일깨운다. 미뤄둔 말과 풀지 못한 감정은 시간이 갈수록 우리를 짓누르지만, 용서를 주고받는 순간 마음은 한결 가벼워진다. 그것은 우리를 자유롭게 하고, 남은 시간을 더 평화롭고 의미 있게 만든다. 용서는 상처를 치유하고, 마음에 평화를 되찾게 하는 힘이다. 그러므로 더 늦기 전에, 우리는 용서를 선택해야 한다.

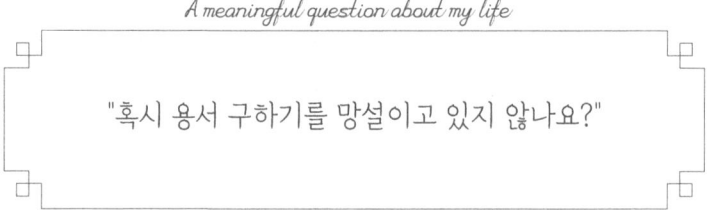

A meaningful question about my life

"혹시 용서 구하기를 망설이고 있지 않나요?"

47

마지막 인사는 늦지 않아야 한다

 마지막 인사는 그 어떤 말보다 무겁고 소중하다. 죽음이 가까워질수록, 우리는 끝내 하지 못한 인사에 마음을 붙잡힌다. "잘 있어." "미안했어." "정말 고마웠어." 이런 말들은 단순한 인사가 아니라, 관계를 정리하고 진심을 담아 건네는 가장 깊은 언어다.

 그러나 많은 인사는 미뤄지기 쉽다. 어색해서, 타이밍을 놓쳐서, 언젠가는 하겠지 싶어서. 그러다 마지막 순간이 찾아오면, 목 끝까지 올라온 말들이 결국 가슴속에만 남는다. 영정 사진 앞에서 "그땐 왜 말하지 못했을까" 하는 후회는 더욱 깊게 마음을 짓누른다.

그래서 인사는 '지금' 해야 한다. 아침에 "조심히 다녀와", 늦은 밤 "오늘도 고생했어", 친구에게 "너랑 얘기해서 좋았어"라고 말하는 것. 별것 아닌 이 한마디가 어떤 날에는 마지막 인사가 될 수도 있음을 잊지 말아야 한다.

진심은 미루지 않고 말할 때 가장 깊게 전해진다. 마지막 인사는 단지 이별의 말이 아니라, 함께한 시간 전체를 감사로 묶어내는 고백이다. 그러니 살아 있는 지금, 그 말을 아끼지 말자. 당신의 한마디가 누군가의 마음을 따뜻하게 안아줄 수 있다.

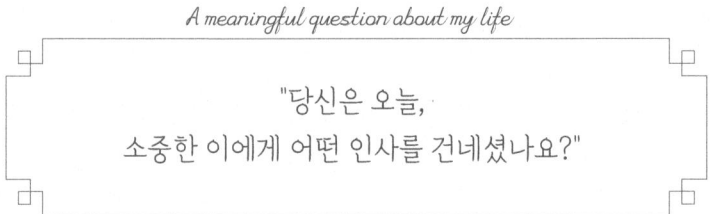

A meaningful question about my life

"당신은 오늘,
소중한 이에게 어떤 인사를 건네셨나요?"

though
#48

마지막 순간 전하고 싶은 한마디

우리는 살아가면서 수많은 말을 주고받지만, 정작 가장 중요한 말은 자주 미뤄둔다. "고마워", "사랑해", "미안해" 같은 말들은 마음속에만 머문 채, 늘 '다음에', '언젠가'라는 말과 함께 남겨진다. 그러나 죽음은 그 '언젠가'를 허락하지 않는다.

장례식장에는 많은 말이 오간다. 의례적인 위로, 형식적인 조문, 준비된 헌사들. 그러나 고인의 사진 앞에 조용히 서 있는 이들의 표정은 그 어떤 말보다 많은 감정을 담고 있다. 누군가는 마지막으로 전하지 못한 한마디를 가슴에 묻은 채

눈시울을 붉히고, 또 누군가는 짧았던 인사를 후회하며 눈을 감는다.

죽음은 우리에게 묻는다. "정말로 전하고 싶은 말은 무엇인가?" 그리고 이어서 묻는다. "그 말을 왜 하지 않았는가?"

진심은 때를 기다리지 않는다. 용기를 낸 한마디는 관계를 따뜻하게 바꾸고, 어떤 상처는 그 말로 치유되기도 한다. 마지막 인사는 이별의 순간에만 필요한 것이 아니다. 오히려 지금, 함께 살아가는 이들과 주고받는 평범한 대화 속에 스며 있어야 한다.

A meaningful question about my life

"소중한 이에게 마지막으로
전하고 싶은 한마디는 무엇인가요?"

유언,
살아 있는 동안 준비해야 할 진심

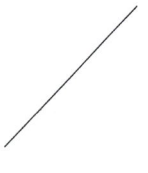

　유언은 흔히 죽음을 앞두고 급히 남기는 말로 여겨진다. 그러나 진정한 유언은 그렇게 갑작스레 쓰이는 문장이 아니라, 살아 있는 동안 차곡차곡 마음을 담아가는 과정이다. 미뤄둔 말은 결국 기회를 잃게 하고, 그 순간에는 당황과 후회만 남는다. 그래서 유언은 갑작스러운 이별 앞에서 흔들리지 않도록 평소에 준비해야 하는 마음의 정리라 할 수 있다.

　삶 속에서 우리는 수많은 관계를 맺으며 말하지 못한 감사와 풀지 못한 오해를 품고 산다. 유언은 그런 감정들을 차분히 꺼내어 정리할 수 있는 귀한 시간이다. 누구에게 어떤 말을 남기고 싶은지, 무엇을 전하고 싶은지를 스스로 묻는 일은 곧 자신의 삶을 되돌아보는 순간이 된다.

유언을 준비한다는 것은 죽음을 앞당기는 것이 아니다. 오히려 남은 시간을 더 충실히 살아가기 위한 준비다. 말 한마디에도 진심이 실리고, 관계를 대하는 태도에도 자연스러운 변화가 찾아온다. 유언을 준비한다는 것은 살아 있는 동안 마음을 전하는 가장 깊고도 진실한 방식이 될 수 있다.

유언을 떠올릴 때마다 우리는 죽음을 먼저 생각하지만, 사실 그것은 '죽음의 언어'가 아니라 '삶의 언어'다. 미뤄둔 고백과 감사, 풀지 못한 마음을 조금 더 빨리 꺼내어 전할 때, 우리는 더 가벼운 마음으로 오늘을 살아갈 수 있다. 유언은 마지막 순간의 기록이 아니라, 살아 있는 지금을 어떻게 채울 것인가에 대한 다짐이 되어야 한다.

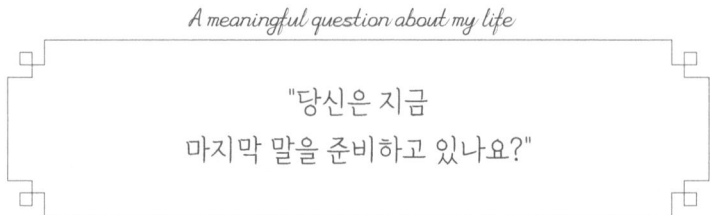

A meaningful question about my life

"당신은 지금
마지막 말을 준비하고 있나요?"

50

죽음은 사랑을 증폭시킨다

　죽음이 가까워질수록 우리는 사랑의 본질을 더욱 선명하게 느끼게 된다. 평소에는 무심히 지나쳤던 작은 표현과 끝내 전하지 못했던 마음들이 그제야 깊은 의미로 다가온다. 사랑은 눈에 보이지 않는 감정이지만, 죽음이라는 경계 앞에서는 손에 잡힐 듯한 무게로 실체화된다. 누군가를 진심으로 사랑한다는 것은 결국 '함께할 수 있는 시간'을 나누는 일이며, 그 시간이 얼마나 소중한지 우리는 이별을 앞두고서야 절절히 깨닫는다.

　사랑은 죽음 앞에서 때로 무력하게 보일지 몰라도, 동시에 그 어떤 순간보다 강렬해진다. 떠난 이는 남겨진 이들의 기억 속에 살아 숨 쉬고, 그 부재는 오히려 사랑의 깊이를 더 선명하게 한다. 떠나가는 이 또한 끝내 다 전하지 못한 마음을 아쉬워하며 마지막까지 사랑을 건네려 한다. 죽음은 이렇게 사랑을 더 깊이 새기게 하고, 끝까지 사랑하는 법을 우리에게 가르쳐준다.

그래서 우리는 죽음을 두려워하면서도 그 덕분에 사랑할 시간을 더욱 소중히 여긴다. 사랑은 단순한 감정이 아니라 한 사람의 존재를 완성하는 힘이다. 죽음은 그것을 조용히 일깨우며 말한다. 지금 이 순간, 사랑할 수 있는 시간이야말로 우리가 누릴 수 있는 가장 큰 축복임을 잊지 말라고.

A meaningful question about my life

"지금 당신의 사랑은
충분히 그리고 진심으로 전해지고 있나요?"

가장 후회하는 건 미루어둔 말

인생에서 가장 깊은 후회는 대개 '하지 못한 말'에서 비롯된다. 해야 했지만 미뤘던 말, 전하고 싶었지만 끝내 삼켰던 감정은 시간이 지날수록 마음 한켠에 무겁게 쌓인다. 말은 단순한 소리가 아니라 마음과 마음을 잇는 다리다. 그러나 그 다리를 건너지 못한 순간들은 결국 관계에 틈을 남긴다.

우리는 종종 '아직 시간이 있으니까'라는 생각으로 중요한 말을 뒤로 미룬다. 하지만 죽음 앞에서 깨닫게 된다. 시간은 결코 무한하지 않다는 사실을. 그제야 떠난 이에게 미처 전하지 못한 말들이 깊은 후회로 남는다. 만약 그 말 한마디가 제때 전해졌더라면, 관계는 조금 더 따뜻했고 마음은 조금 덜 아팠을지도 모른다.

후회 없는 삶은 진심을 담은 말에서 시작된다. 마음에 담아둔 말을 미루지 않고 지금 이 순간 용기 내어 전하는 것. 그것이야말로 삶을 더 충실히, 더 따뜻하게 살아가는 길이다. 말은 짧지만, 전하지 못한 침묵은 길고 오래 남는다. 늦기 전에 사랑하는 이에게 망설이고 있는 그 말을 전하자. 언제나 지금이 가장 좋은 때다.

A meaningful question about my life

"혹시 소중한 이에게 지금
미뤄두고 있는 말이 있지 않나요?"

52

인생의 진정한 유산, 함께한 시간

우리가 인생에서 남기는 가장 깊은 흔적은 무엇일까? 삶의 끝자락에서 비로소 깨닫게 되는 건 '함께한 시간'의 소중함이다. 죽음이 가까워질수록 눈에 보이던 것들은 희미해지고, 끝내 마음에 남는 건 누군가와 나눈 순간들뿐이다. 그 시간은 말로 다 설명할 수 없는 감정과 기억으로 채워져 있다.

함께 웃고, 울며, 서로의 손을 잡아주었던 순간들이 모여 우리의 삶을 이룬다. 그 경험들이야말로 진정한 유산이다. 물질은 시간이 지나면 사라지지만, 함께한 시간 속에서 자란 사랑과 이해, 연민은 사라지지 않는다. 오히려 세월이 흐를수록 더 깊은 의미로 되새겨진다.

누군가와 나눈 시간은 마음의 기록이자 삶의 깊이 그 자체다. 그 관계와 추억은 남겨진 이들에게 위로가 되고, 다시 살아갈 힘이 된다. 그래서 '함께한 시간'은 돈으로 살 수 없는, 인생에서 가장 값진 유산이 된다.

지금 당신이 보내는 이 시간은 어떤 의미로 남을까? 순간을 소중히 여기고, 진심으로 함께하는 것. 그것이야말로 우리가 남길 수 있는 최고의 흔적이며, 삶에서 주고받을 수 있는 가장 큰 선물이다.

A meaningful question about my life

"당신에게 가장 소중한
함께한 시간은 언제인가요?"

우리는 모두 누군가의
기억으로 살아간다

인간은 결코 혼자가 아니다. 우리는 서로의 기억 속에 존재하며 살아간다. 죽음이 찾아와도 완전히 사라지는 것은 아니다. 누군가의 마음에 남은 기억은 삶과 죽음을 이어주는 다리가 된다. 프랑스 작가 마르셀 프루스트는 "기억되는 한 살아 있다"고 말했다. 우리는 그렇게 서로의 기억 속에서 계속 살아간다.

사람들은 우리가 남긴 말과 행동, 함께한 시간을 기억한다. 그 기억은 따뜻한 위로가 되기도 하고, 아쉬움과 후회로 남기도 한다. 우리는 타인의 기억 속에서 또 다른 모습으로 살아가며, 그 기억이 곧 우리라는 존재를 말해준다.

기억 속의 나는 실제보다 더 또렷하거나, 때로는 전혀 다른 모습일 수도 있다. 그러나 중요한 것은 그 기억이 누군가에게 어떤 의미로 남느냐이다. 지금 우리가 나누는 말과 마음이 곧 그 사람의 삶 속에 남겨질 흔적이 된다.

우리는 어떤 모습으로 기억될지를 고민하게 된다. 그 질문은 곧 지금 이 순간을 어떻게 살아야 할지에 대한 답으로 이어진다. 누군가의 기억 속에 남는 우리의 진심과 태도, 그것이야말로 삶이 남기는 가장 깊은 흔적이 된다.

A meaningful question about my life

"당신은 어떤 모습으로
누군가의 기억 속에서 살아갈 것인가요?"

/ㅤ#54

살아 있는 동안 '잘' 헤어져야 한다

인간관계는 때로 영원할 것처럼 느껴지지만, 삶의 흐름 속에서 우리는 수많은 이별을 겪는다. 이별은 죽음만을 뜻하지 않는다. 멀어지는 마음, 달라진 상황, 끝나버린 관계, 이모든 것이 이별의 또 다른 모습이다. 그래서 '잘' 헤어진다는 것은 단순한 작별 인사를 넘어, 관계를 마무리하는 중요한 태도이자 삶의 자세다.

'잘' 헤어진다는 것은 감정을 외면하거나 미루지 않고, 서로의 마음을 솔직하게 마주하는 일이다. 미처 전하지 못한 말을 용기 내어 나누는 일이다. 비록 고통스럽고 불편할 수 있지만, 그런 진심 어린 이별만이 관계를 따뜻한 기억으로 남긴다. 쌓인 오해와 감정은 정리되지 않으면 더 큰 상처로 돌아오기 마련이다.

이별은 상대에게만이 아니라 나 자신에게도 필요하다. 마무리되지 않은 관계는 마음의 무게로 남아 삶의 다음 장면을 흐리게 한다. 준비된 작별은 과거와 화해하게 하고, 새로운 시작을 위한 여백을 마련해준다.

삶은 끝없는 만남과 이별의 연속이다. 어느 작별도 가볍지 않으며, 우리가 이별을 어떻게 맞이하느냐가 인생의 깊이를 결정한다.

A meaningful question about my life

"당신은 지금 잘 준비된 이별을 준비하고 있나요?"

55

아직 끝내지 못한 관계가 있다면…

우리 삶에는 미완으로 남은 관계가 적지 않다. 시간이 흐르며 자연스럽게 멀어지기도 하고, 감정의 벽 앞에서 멈춰 서기도 한다. 그러나 '아직 끝내지 못한 관계'는 마음 한켠에 무거운 짐이 되어 우리를 계속 괴롭힌다. 때로는 후회와 미안함으로, 때로는 분노와 슬픔으로 남아 삶의 균형을 흔들며 불안한 그림자를 드리운다.

이런 관계를 마주하는 일은 결코 쉽지 않다. 오래된 상처를 다시 들여다보고 감정을 정리해야 하며, 때로는 상대와 솔직한 대화를 나누어야 한다. 그 과정이 고통스럽고 두려울 수 있다. 그러나 무거운 마음으로 품고 살아가기보다 용기를 내어 마침표를 찍는 일이야말로 더 가볍고 성숙한 삶으로 나아가는 길이다.

완벽한 화해나 용서가 반드시 필요한 것은 아니다. 중요한 것은 관계를 회피하지 않고 직면하는 태도다. 스스로에게 진실해지고, 상대를 이해하려는 노력 속에서 관계의 마무리는 한층 깊이 있고 의미 있게 완성된다. 어떤 모습으로 끝나든, 그것은 우리 삶에 남겨진 중요한 흔적이 된다.

아직 끝내지 못한 관계가 있다면, 그것은 당신에게 주어진 삶의 숙제이자 성장의 기회다. 그 관계를 마무리하는 방식이 당신의 마음뿐 아니라 앞으로의 삶에도 깊은 울림을 남길 것이다. 지금 이 순간, 용기를 내어 그 관계와 마주하는 일이야말로 진정한 내면의 평화를 향한 첫걸음임을 잊지 말자.

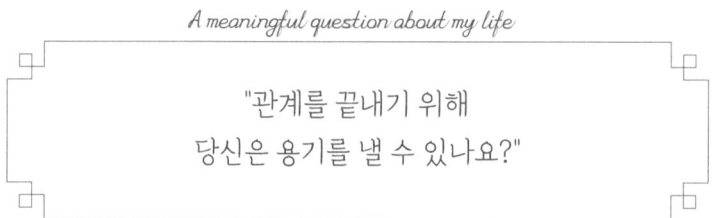

A meaningful question about my life

"관계를 끝내기 위해
당신은 용기를 낼 수 있나요?"

 # 56

사라진 이가 남긴 것들

 사랑하는 이가 떠난 뒤, 우리는 그 사람이 남긴 흔적들과 마주한다. 사진 속 미소, 편지 한 장, 평소에 쓰던 작은 물건, 그것들은 단순한 물건이 아니라, 함께한 시간과 감정의 조각이다. 이 조각들이 모여 마음속에서 그를 다시 불러내고, 미처 하지 못한 말들을 떠올리게 한다. 비록 물리적으로는 사라졌지만, 그 흔적들은 여전히 삶의 일부로 남아 우리와 함께 존재한다.

 이러한 경험은 깊은 슬픔과 그리움 속에서도 애도와 치유의 과정을 가능하게 한다. 흔적들은 기억과 감정을 이어주며, 그가 어떤 사람이었는지, 그리고 우리가 무엇을 사랑했는지를 다시 깨닫게 한다. 미국 시인 메리 올리버는 "죽음은 어둠이 아니라, 빛으로 향하는 또 다른 문"이라고 말했다. 소중한 이가 남긴 흔적들은 단순한 과거의 잔상이 아니라, 우리 삶을 비추는 빛이자 앞으로 나아갈 힘이 된다.

떠난 이의 흔적을 마주할 때, 우리는 그 사람의 삶을 다시 경험한다. 그 흔적들은 단순한 기억을 넘어 일상 속에 스며들며 위로가 되고, 때로는 삶의 방향을 새롭게 가리키는 등불이 된다. 그와 함께한 시간이 지금의 우리를 만들었음을, 그리고 그 사랑이 여전히 우리 안에서 살아 숨 쉬고 있음을 조용히 일깨운다.

A meaningful question about my life

"당신에게 가장 깊게 남아 있는,
사라진 이의 흔적은 무엇인가요?"

57

죽음은 진심을 데려온다

죽음 앞에서는 가식과 위선이 힘을 잃는다. 평소 감추고 싶었던 감정과 전하지 못한 진심이 그 순간에는 고스란히 드러난다. 죽음은 우리를 솔직해질 수밖에 없는 자리로 이끈다. 아픈 이를 향한 진심 어린 위로, 오랜 갈등을 넘어 건네는 용서의 말, 사랑한다는 고백은 그 순간을 더욱 무겁고 깊게 만든다.

죽음은 거짓을 허락하지 않는 무대와 같다. 우리는 죽음을 두려워하지만, 동시에 죽음은 삶에서 가장 진솔한 순간을 선사한다. 죽음이 다가올수록 사람들은 자신이 진정 소중히 여겼던 것들을 드러내며, 그제야 관계의 본질과 인간의 진실이 모습을 드러낸다.

진정한 만남은 서로의 죽음을 인식할 때 시작된다. 죽음이 가까워질수록 우리는 서로에게 진심을 보여야 한다는 절박함을 느낀다. 그 절박함 속에서 드러난 진심은 관계를 회복시키고, 삶을 되돌아보게 하는 힘이 된다.

죽음 앞에서 진심을 감출 수 없는 그 순간, 우리는 자신과 타인 앞에서 얼마나 솔직할 수 있는지 되묻게 된다. 그 질문에 답하려 할 때, 죽음은 두려움만이 아니라 진정한 소통과 사랑의 계기가 된다.

A meaningful question about my life

"소중한 이에게 당신이
지금 전해야 할 진심은 무엇인가요?"

사랑,
죽음을 넘어 남는 가장 깊은 흔적

 사랑은 시간이 흘러도, 물리적 공간에서 사라져도 오래도록 흔적을 남긴다. 죽음 앞에 섰을 때 우리가 진정 손에 쥘 수 있는 것은 재산이나 명예가 아니라, 사랑했던 기억과 사랑을 나눈 순간들의 조각이다. 세상의 모든 것은 시간이 지나면 빛이 바래지만, 사랑의 기억만큼은 마음 깊이 자리해 끝까지 우리와 함께한다.

 사랑은 단순한 감정을 넘어 삶을 붙잡는 뿌리다. 아플 때 곁을 지켜주던 손길, 아무 말 없이 등을 토닥여주던 순간, 눈빛 하나로 마음을 전하던 기억들. 그것은 외로움과 두려움을 견디게 하는 힘이며, 우리를 사람답게 만드는 본질이다. 진심으로 누군가를 사랑했던 순간은, 죽음 이후에도 그 사람의 존재를 세상 어딘가에 머물게 한다.

사랑은 말과 행동, 그리고 기억으로 이어진다. 우리가 사랑하는 이에게 남긴 작은 배려와 진심 어린 말 한마디, 함께 보낸 시간은 누군가의 삶 속에서 퍼져 나간다. 삶이 무의미하게 느껴질 때조차 사랑만은 결코 사라지지 않고 우리 곁에 머문다. 그래서 죽음 앞에서 우리에게 가장 크게 다가오는 질문은 결국 이것이다. "나는 얼마나 사랑했는가."

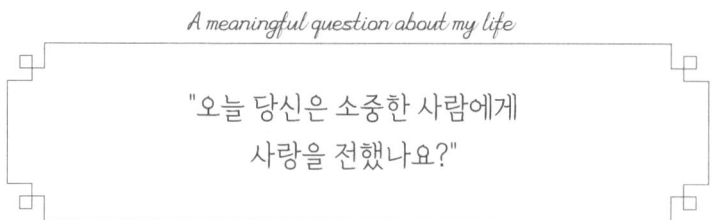

A meaningful question about my life

"오늘 당신은 소중한 사람에게 사랑을 전했나요?"

59

이별이 남긴 기억과 사랑의 의미

　이별은 누구나 겪는 삶의 한 부분이다. 누군가와 헤어진다는 것은 단순히 서로 떨어지는 것만을 뜻하지 않는다. 이별 후에도 함께 나눈 시간과 이야기는 마음속 깊은 곳에 남아 쉽게 지워지지 않는다. 이별이 남기는 것은 상처이기도 하지만, 동시에 그 사람이 우리에게 준 소중한 기억과 감정이기도 하다.

　사람들은 이별을 통해 비로소 그 관계의 소중함을 깨닫는다. 함께 웃고 울었던 순간들, 서로에게 의지했던 시간들은 지나고 나서야 깊은 의미로 다가온다. 때로는 아픔과 후회가 마음을 짓누르지만, 그것은 그만큼 진심으로 사랑하고 관계에 임했다는 증거다.

이별 후에도 그 기억들은 우리 곁에 머물며 삶의 길잡이가 된다. 누군가와 나눈 작은 대화나 함께 보낸 평범한 하루가 떠오를 때마다, 우리는 그 순간들을 다시 마음속에 새긴다. 그러한 기억은 슬픔 속에서도 우리를 위로하고 앞으로 나아갈 힘이 되어준다.

이별은 끝이 아니라 또 다른 시작이다. 아프고 힘든 과정일지라도, 그 경험을 통해 우리는 더 깊이 사랑할 수 있고 한층 성숙해진다. 그렇게 이별은 우리 삶을 더 넓고 단단하게 만드는 또 하나의 선물이 된다.

A meaningful question about my life

"이별이 남긴 기억은
당신의 삶을 어떻게 바꾸고 있나요?"

가장 아름다운 작별을 위하여

 가장 아름다운 작별은 미리 준비된 것이 아니라, 살아 있는 동안 쌓아온 진심에서 비롯된다. 죽음이라는 이별은 누구에게나 예고 없이 찾아오기에, 우리는 종종 전하지 못한 감정과 풀지 못한 오해, 표현하지 못한 사랑을 떠올리며 후회한다.

 작별이 가까워질 때, 우리는 마음속에 담아둔 말들을 꺼내야 한다. "고마웠어", "사랑했어", "미안해"라는 평범한 말들이지만, 그 안에는 긴 세월 쌓인 감정과 진심이 담겨 있다. 진심 어린 작별은 말뿐 아니라 행동과 태도로도 전해진다. 상대를 이해하려는 노력, 서로의 상처를 어루만지는 시간, 함께한 추억을 소중히 여기는 마음이 작별의 순간을 더욱 따뜻하게 만든다.

아름다운 작별은 남겨진 이에게 주는 가장 깊은 선물이다. 그것은 물질적인 것이 아니라, 마음의 연결과 기억, 그리고 사랑으로 남는다. 작별의 순간이 언제 찾아올지 알 수 없기에, 오늘이 가장 중요한 '마지막'일 수 있다는 사실을 잊지 말아야 한다. 지금 이 순간, 사랑하는 이들과 진솔한 대화를 나누고 삶을 진심으로 살아내는 것만큼 작별을 아름답게 만드는 일은 없다.

가장 아름다운 작별은 삶과 사랑을 온전히 경험한 이들에게 찾아온다. 그 작별이 남긴 따뜻한 여운은 죽음 너머로도 오래도록 이어진다.

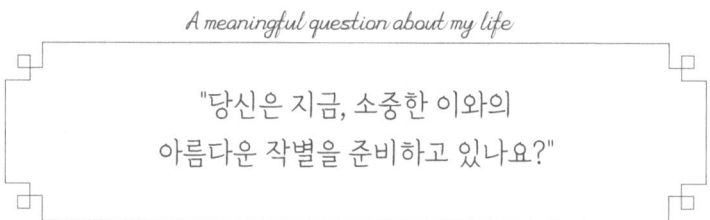

A meaningful question about my life

"당신은 지금, 소중한 이와의
아름다운 작별을 준비하고 있나요?"

죽음을 생각하며
삶을 다시 써 내려가기

죽음은 끝이 아니라 삶의 방향을 다시 묻는 질문이다. 내가 이대로 죽는다면 후회는 없을까? 지금의 삶은 내가 원하는 모습인가? 이 장은 죽음을 곁에 두고 삶의 문장을 다시 써 내려가는 용기 있는 사람들의 이야기다. 죽음을 사랑할 때, 비로소 삶이 시작된다.

제 4 장

존재를 다시 써 내려가는 일

#61

오늘부터 삶을 다시 쓴다

삶은 누구에게나 단 한 번뿐인 이야기다. 그러나 우리는 종종 이미 정해진 틀 안에서, 익숙한 패턴을 따라 움직이느라 스스로 삶의 주인임을 잊는다. '오늘부터 삶을 다시 쓴다'는 말은 그 틀을 깨고 자신만의 이야기를 새롭게 시작하겠다는 조용한 선언이다. 이 선언은 거창하거나 특별할 필요 없다. 매일 아침 눈을 뜨고 하루를 대하는 태도가 조금 달라지는, 아주 작은 변화에서 시작된다.

삶을 다시 쓴다는 것은 과거의 실수나 후회에 얽매이지 않고, 지금 이 순간을 진심으로 바라보는 용기에서 출발한다.

지나온 시간은 분명 내 삶의 일부지만, 앞으로 펼쳐질 페이지는 아직 비어 있다. 우리가 오늘 내리는 선택과 행동 하나하나가 새로운 이야기의 문장이 되고, 그 문장들이 모여 결국 나라는 한 권의 책을 완성한다.

이 여정을 시작하려면 무엇보다 자기 자신에게 솔직해야 한다. 내가 진정 원하는 것이 무엇인지, 어떤 사람으로 남고 싶은지를 묻는 것에서 출발해야 한다. 때로는 타인의 기대나 오랜 습관, 편견을 내려놓는 용기도 필요하다. 그렇게 자신을 다시 써 내려가는 과정은 결국 '내 삶'을 발견하는 길이 된다.

삶은 주어지는 것이 아니라 만들어가는 것이다. 과거에 머물지 않고, 미래를 두려워하지 않으며, 지금 이 순간을 온전히 살아내는 연습. 그때 비로소 진짜 '나'와 마주할 수 있다.

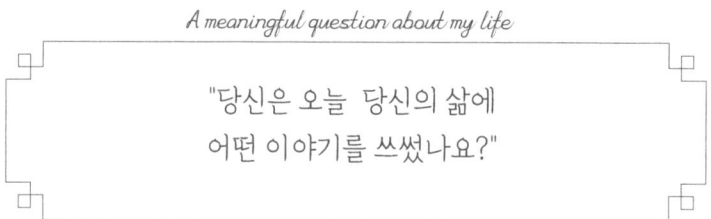

A meaningful question about my life

"당신은 오늘 당신의 삶에
어떤 이야기를 쓰셨나요?"

62

죽음을 상상할 때, 삶이 보인다

죽음은 누구에게나 찾아오는 피할 수 없는 현실이다. 그럼에도 우리는 그것을 너무 먼 이야기처럼 여기며 살아간다. 바쁜 일상 속에서 죽음을 떠올리는 일은 어딘가 어울리지 않는 듯 느껴지기도 한다. 그러나 아이러니하게도, 죽음을 진지하게 상상해보는 순간 삶은 오히려 더욱 선명해진다.

"내가 떠난 후, 누군가의 기억 속에 남은 내 삶은 어떤 모습일까?" 누군가의 기억 속에 나는 어떤 사람으로 남을지, 어떤 말과 행동이 흔적으로 남게 될지를 떠올리다 보면, 자연스럽게 '지금 어떻게 살아갈 것인가'라는 질문에 다다른다.

죽음을 가까이에서 상상하는 일은 삶을 비관적으로 바라보게 하지 않는다. 오히려 삶의 감각을 예민하게 깨우며, 불필요한 집착과 허황된 욕심에서 벗어나게 한다. 그때 비로소 진정으로 소중한 것이 무엇인지 드러난다.

A meaningful question about my life

"삶을 선명하게 바라보기 위해서
죽음이란 단어를 곁에 두고 있나요?"

63

나의 삶을 작가처럼 살아가기

삶은 단순히 시간이 흘러가는 과정으로 여겨지기 쉽다. 그러나 인생을 하나의 이야기로 바라본다면, 우리는 곧 스스로의 작가가 된다. 작가가 서사의 흐름과 결말을 세심하게 다듬듯, 삶 역시 매 순간 선택과 결단으로 채워진다. 주어진 조건과 환경 속에서 어떤 이야기를 써 내려갈지는 오롯이 나 자신의 몫이다.

'작가처럼' 살아간다는 것은 삶을 수동적으로 흘려보내지 않고, 의식적으로 가치와 목적을 세우는 일이다. 모든 상황을 통제할 수는 없지만, 그것에 어떤 의미를 부여하고 어떻게 받아들일지는 스스로 결정할 수 있다. 이 태도야말로 삶에 주체성을 더하는 출발점이다.

작가가 인물과 사건에 감정을 불어넣어 이야기에 생명을 부여하듯, 우리 또한 삶의 순간마다 진정성을 담아야 한다. 일상의 작은 선택들이 모여 인생이라는 한 편의 이야기를 이룬다는 사실을 잊지 말자. 그 이야기는 타인의 기준이 아니라, 나만의 색과 목소리로 채워져야 한다.

삶은 결국 내가 써 내려간 이야기로 남는다. 비록 완벽하지 않아도, 진심과 용기로 채워진 문장이라면 그것만으로 충분히 아름답다. 언젠가 마지막 장을 덮는 순간, 그 이야기가 내 삶을 증명해 줄 것이다.

A meaningful question about my life

"당신의 인생 이야기를 어떻게 써 내려가고 싶나요?"

# 64

내가 쓰는 인생의 마지막 문장

미국 시인 메리 올리버는 "인생은 끝에서 시작한다"고 말했다. 그 말은 삶의 유한성을 인식하고, 언젠가 마주할 마지막 순간을 염두에 둘 때 비로소 삶의 진정한 의미와 가치를 깨닫게 된다는 뜻이다. 그런 맥락에서 내 삶의 마지막 문장을 미리 떠올려보는 일은 중요한 의미를 지닌다.

마지막 문장은 언젠가의 막연한 일이 아니다. 지금 이 순간 내가 내리는 선택과 행동 속에서 이미 쓰이고 있다. 삶의 끝을 의식하는 태도는 오늘의 말과 행동을 더 정성스럽게 만들고, 현재를 더욱 충실하게 살아가게 하는 힘이 된다.

마지막 문장은 단순한 끝맺음이 아니다. 그것은 누군가에게 위로가 되고, 또 다른 누군가에게 길잡이가 되며, 끝맺음인 동시에 새로운 시작의 여운을 남긴다. 아름다운 문장을 남기기 위해서는 오늘부터 '어떻게 살 것인가'를 끊임없이 묻고, 그 질문에 진심을 다해 답하는 삶을 살아야 한다.

그 문장은 하루아침에 완성되지 않는다. 오히려 매일의 선택과 말, 작은 행동 속에서 서서히 다듬어진다. 따뜻한 말 한마디, 용기를 내어 꺼내는 고백, 사랑하는 이와 나누는 짧은 침묵조차도 마지막 문장의 일부가 된다. 언젠가 남길 마지막 문장이 오늘 이미 쓰이고 있다는 사실을 기억하며, 우리는 하루를 더 진심으로 살아야 한다.

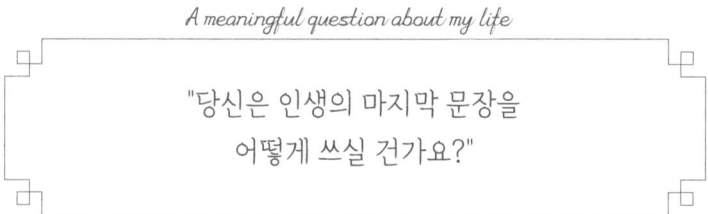

A meaningful question about my life

"당신은 인생의 마지막 문장을
어떻게 쓰실 건가요?"

65

삶은 방향을 찾아가는 여정이다

삶은 끊임없이 방향을 찾아가는 여정이다. 매일의 선택들이 모여 나만의 길을 만들지만, 때로는 내가 어디로 향하고 있는지 혼란스러울 때가 있다. 그럴 때일수록 스스로에게 물어야 한다. "내가 걷는 길은 정말 나다운가? 이 길은 나에게 어떤 의미가 있는가?"

목표나 가치 없이 흘러가는 삶은 그저 시간의 흐름에 머문다. 그러나 분명한 방향이 있는 삶은 매 순간이 서로 이어지고, 그 안에서 성장이 자연스레 이루어진다. 목표는 거창하거나 화려할 필요가 없다. 진정한 나로 살아가게 하는 신념과 태도라면 충분하다.

 삶의 방향을 점검하는 일은 두렵고 불편할 수 있다. 익숙함을 내려놓고, 솔직한 눈으로 자신을 마주해야 하기 때문이다. 하지만 그 과정을 거쳐야만 비로소 '나다운 삶'의 목적과 가치를 발견할 수 있음을 잊지 말자.

 그리고 바로 이 지점에서 죽음의 의미가 드러난다. 죽음은 삶의 끝에서 우리에게 시간을 유한하게 쓰라고 일깨우는 경계다. 그 유한성이 있기에 오늘의 선택은 더 간절해지고, 나답게 살아야 할 이유는 더욱 분명해진다. 죽음을 의식하는 순간, 삶은 단순한 흐름이 아니라 소중한 기회로 다가온다. 죽음은 두려움이 아니라, 오늘을 더 사랑하고 지금을 더 깊이 살아내도록 이끄는 선물이다.

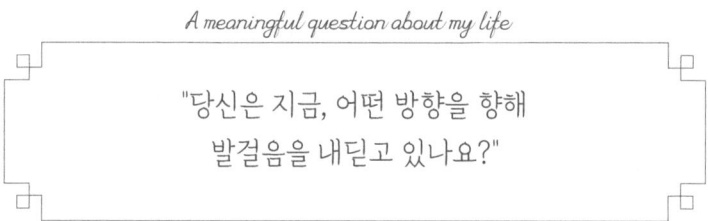

A meaningful question about my life

"당신은 지금, 어떤 방향을 향해
발걸음을 내딛고 있나요?"

죽음을 삶의 시작점으로 삼기

죽음은 누구에게나 피할 수 없는 현실이다. 그러나 죽음을 오직 삶의 끝으로만 본다면, 우리는 삶을 지나치게 협소하게 바라보게 된다. 오히려 죽음을 새로운 출발점으로 바라볼 때, 하루하루는 더욱 선명해지고 의미 있게 빛난다. 삶과 죽음은 서로를 배제하는 개념이 아니라, 하나의 흐름 속에서 자연스럽게 이어진다.

죽음을 가까이 상상하는 경험은 삶에 대한 책임감과 감사의 마음을 일깨운다. 지금 이 시간을 헛되이 흘려보내지 않으려는 태도는 삶을 한층 깊고 충실하게 만든다. 죽음을 단순한 끝이 아니라 성찰과 재정립의 기회로 바라볼 수 있다면, 우리는 오늘이라는 시간을 더 충실하게 살아낼 수 있다. 그렇게 삶의 시작을 죽음으로부터 다시 써 내려갈 때, 비로소 '지금, 여기'에 온전히 머무르게 된다.

죽음을 삶의 시작점으로 의식한다는 것은 두려움에 머무르는 일이 아니다. 그것은 오히려 지금의 삶을 더 깊이 끌어안는 일이다. 그 자각 속에서 우리는 삶을 다시금 선물처럼 받아들이며, 매 순간을 마지막처럼 충실히 살아갈 수 있다.

A meaningful question about my life

"당신은 죽음을 삶의 출발점으로
삼을 준비가 되어 있나요?"

매일의 선택이 모여 인생이 된다

　삶은 수많은 작은 선택들의 연속이다. 어떤 길을 걸을지, 누구와 시간을 보낼지, 어떤 말을 건넬지 같은 일상의 결정들이 모여 인생이라는 큰 그림을 완성한다. 인생은 한순간의 극적인 변화보다는 매일 반복되는 소소한 선택들이 쌓여 자연스럽게 빚어진다.

　따라서 중요한 것은 이 선택들을 얼마나 의식적으로 하느냐이다. 무심코 흘려보내는 순간에도 자신의 마음을 살피고, 원하는 삶의 방향을 분명히 하려는 태도가 필요하다. 물론 삶은 언제나 계획대로 흘러가지는 않는다. 예상치 못한 일에 흔들리고, 때로는 길을 잃기도 한다. 그러나 그런 순간에도 내리는 작은 결정들이 결국 인생을 좌우한다는 사실은 변하지 않는다.

삶이란 특별한 사건이 아니라 평범한 일상 속에서 어떤 선택을 하고, 어떤 마음가짐으로 그 길을 걸어가느냐에 달려 있다. 그렇게 하나씩 쌓여가는 선택들이 소중한 나만의 삶의 이야기를 완성해 간다.

A meaningful question about my life

"지금 당신이 하는 매일의 선택들은
어떤 인생의 이야기를 만들어가고 있나요?"

68

오늘이라는 하루를 마지막처럼 살기

우리는 흔히 "내일이 있으니 오늘은 미뤄도 된다"고 안심한다. 그러나 매일을 마지막 날처럼 살아간다면 지금 이 순간의 무게와 의미는 전혀 달라진다. 하루하루를 진심으로 보내는 일이야말로 삶을 풍성하게 만드는 핵심이다.

"오늘을 살아라. 어제는 역사이고, 내일은 미스터리이며, 오늘은 선물이다." 미국 제32대 대통령 루스벨트의 아내가 남긴 이 충고처럼, 현재를 선물로 여기고 온전히 집중하는 삶이 진정한 행복의 길이다.

오늘을 마지막 날처럼 산다는 것은 특별한 일이 아니다. 평범한 일상 속에서 감사함을 발견하고, 소중한 이들에게 진심을 전하며, 자신에게도 성실히 다가가는 태도에서 시작된다. 이런 작은 습관들이 쌓여 후회 없는 인생을 만든다. 하루를 의미 있게 보내는 것은 미래의 자신에게 건네는 가장 큰 선물이다.

시간은 멈추지 않고, 내일은 결코 오늘의 단순한 연장이 아니다. 오늘을 어떻게 살아내느냐가 인생 전체의 빛과 깊이를 결정한다. 지금 이 순간에 충실할 때, 삶은 비로소 점점 더 깊고 풍성해진다.

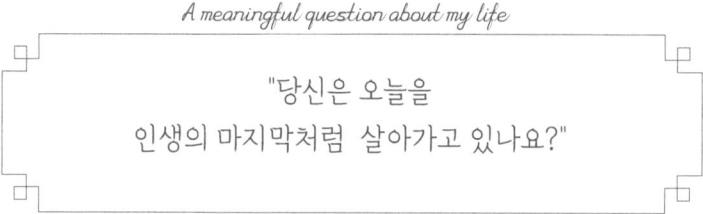

A meaningful question about my life

"당신은 오늘을
인생의 마지막처럼 살아가고 있나요?"

69

자신의 삶을 작품으로!

　삶은 단순히 시간이 흘러가는 과정이 아니다. 어떤 모습으로 기억되기를 바라는지 스스로 묻고, 그에 맞는 선택과 행동을 쌓아갈 때 비로소 삶은 의미 있는 '작품'이 된다.

　매일의 순간은 무대 위 한 장면이고, 우리는 그 무대의 주인공이다. 대본을 직접 쓰고, 어떤 태도로 연기할지 선택한다. 꾸며낸 모습이 아니라 자신만의 목소리와 색깔로 살아갈 때, 그 이야기는 타인의 기억 속에서도 오래 남는다.

　재산이나 명예보다 중요한 것은 진심을 담아 타인과 나누는 삶이다. 따뜻한 말 한마디, 작은 배려, 성실한 태도는 우리가 세상을 떠난 뒤에도 깊은 울림으로 이어진다.

사랑과 존중, 그리고 진실된 태도를 꾸준히 쌓아갈 때, 삶은 화려하지 않아도 충분히 빛나는 작품이 된다. 그것이 바로 '나다운 삶'이며, 진정으로 의미 있는 인생의 모습이다.

A meaningful question about my life

"당신의 삶은 지금 어떤 작품으로 써지고 있나요?"

# 70

삶을 위해 죽음을 곁에 두기

   죽음은 누구도 피할 수 없는 현실이다. 그러나 그것을 멀리 두고 외면하기보다는 곁에 두고 의식할 때, 우리는 살아 있는 '지금, 여기'에 더 깊이 집중하게 된다. 그 순간 매일의 시간이 이전보다 훨씬 소중하게 다가오며, 죽음이 가까워질수록 삶의 가치와 의미를 절실히 깨닫게 된다. 이런 점에서 죽음은 삶을 온전히 살아가기 위한 든든한 동반자라 할 수 있다.

   "죽음을 기억하는 것은 삶을 더 진실하게 만드는 일"이라는 말처럼, 죽음은 무겁고 두려운 주제이지만 그 존재를 인정하는 순간 우리는 자신이 원하는 방향으로 흔들림 없이 나아갈 용기를 얻게 된다. 죽음의 그림자가 있을 때, 오히려 삶의 빛은 더 선명하게 드러난다.

 죽음을 삶의 일부로 받아들이고 그 의미를 성찰할 때, 일상의 사소한 순간조차 특별한 의미로 다가온다. 죽음을 의식하며 사는 삶은 지금 이 순간을 더 깊이 경험하게 하고, 스스로의 진정한 모습을 발견하게 한다. 죽음을 삶의 일부로 끌어안는 순간, 우리는 비로소 더 진실하고 풍요로운 삶을 살아가게 된다.

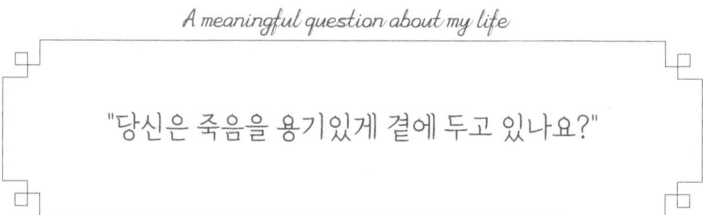

A meaningful question about my life

"당신은 죽음을 용기있게 곁에 두고 있나요?"

#71

지금 여기, 이 순간을 놓치지 않기

'오늘을 붙잡아라(Carpe Diem)'라는 말처럼, 지금 이 순간에 집중하는 삶이야말로 가장 진실하고 의미 있는 삶이다. 우리는 종종 미래의 걱정이나 과거의 후회에 사로잡혀 현재를 흘려보낸다. 그러나 삶은 결국 '지금'이라는 조각들이 모여 완성된다. 마주하는 사람, 나누는 대화, 스치는 감정 하나하나가 나의 인생의 한 장면임을 잊지 말아야 한다.

시간은 멈추지 않고 흐른다. 무심코 지나친 오늘은 다시 돌아오지 않는다. 그래서 우리는 매 순간을 의식하며 살아야 한다. 어떤 이는 부모님과의 마지막 통화를 건성으로 넘긴 것을 평생 후회했다고 한다. 그때 조금만 더 따뜻한 마음을 전했다면, 그것은 오래 남을 기억이 되었을 것이다. 이처럼 삶의 끝자락에 다다를수록 우리는 '지금, 여기'의 무게를 절실히 깨닫는다.

매일을 마지막처럼 산다는 것은 단순한 수사가 아니다. 오늘이라는 시간을 진지하게 대하고, 나 자신과 주변 사람들을 진심으로 대하겠다는 다짐이다. 순간의 감정에 휘둘리거나 의미 없는 일에 시간을 흘려보내기보다는, 지금 곁에 있는 사람과 경험에 집중하는 것이 삶을 충만하게 만든다.

오늘이라는 날은 결코 반복되지 않는다. 내가 하는 말과 행동, 그리고 사람들과의 교감이 곧 나라는 존재를 증명한다. 그렇기에 지금 이 순간을 붙잡는 것이야말로 삶을 빛나게 하는 가장 확실한 방법이다. 당신은 오늘을 어떻게 보내고 있는가?

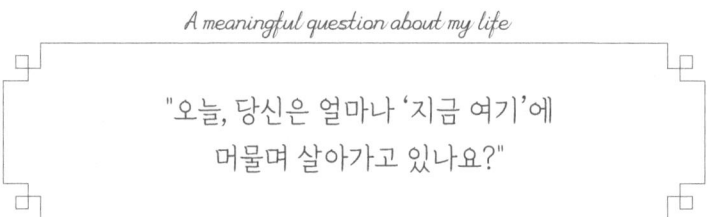

A meaningful question about my life

"오늘, 당신은 얼마나 '지금 여기'에
머물며 살아가고 있나요?"

72

두려움과 함께 걷기

 죽음은 두렵다. 인간에게 죽음만큼 큰 두려움은 아마 없을 것이다. 그러나 두려움이 나를 지배하도록 내버려둘 수는 없다. 죽음뿐 아니라 불확실한 미래, 실패의 가능성, 사랑하는 이를 잃을지도 모른다는 상실의 공포는 늘 그림자처럼 우리 곁을 맴돈다. 문제는 두려움 자체가 아니라, 그것을 억누르거나 외면할 때다. 그럴수록 두려움은 더 커지고, 우리는 움츠러든다. 두려움은 제거해야 할 적이 아니라, 함께 걸어야 할 동반자다.

 두려움은 약함의 증거가 아니다. 오히려 삶을 진지하게 바라보고 있음을 보여주며, 때때로 우리 안에 숨겨진 용기와 진심을 끌어내는 거울이 된다.

그 감정을 인정하고 받아들일 때, 비로소 우리는 진짜 자신을 만난다. 넘어질 수도 있고, 상처받을 수도 있으며, 길을 잃을 수도 있다. 그러나 그 모든 경험이 우리를 더 단단하고 깊은 존재로 만들어 준다. 완벽하지 않아도 괜찮다.

결국 두려움은 멈추게 하는 장벽이 아니라, 더 나아가기 위한 출발점이다. 중요한 것은 두려움 없는 삶이 아니라, 두려움 속에서도 한 걸음을 내딛는 용기다. 그 한 걸음이 바로 우리를 성장으로 이끄는 시작이 된다.

A meaningful question about my life

"당신은 오늘, 두려움을 마주하며
어떤 걸음을 내딛고 있나요?"

: #73

끝을 기억하며 살아가기

삶의 유한성을 인지하는 일은 결코 무겁기만 한 숙제가 아니다. 오히려 끝이 있다는 사실을 받아들일 때, 하루하루는 더욱 선명하고 소중해진다. 영원할 것만 같던 시간도 결국 멈춘다는 단순하지만 분명한 진실을 새길 때, 우리는 지나간 날들을 더 깊이 음미하고 남은 시간을 가치 있게 만들 용기를 얻게 된다.

삶의 끝을 떠올리는 일은 두려움이 아니라 자기 인생의 방향을 되묻는 성찰의 시작이다. 바쁜 일상 속 잠시 멈춰 스스로에게 물어야 한다. "지금 하는 일이 마지막 순간에도 의미가 있을까?" "내가 전한 말과 행동이 누군가의 기억 속에 따뜻함으로 남을까?" 이러한 질문은 삶을 새롭게 바라보는 렌즈가 되어, 현재를 더욱 충실히 살아가게 한다.

우리는 마지막 날까지 크고 작은 선택을 반복하며, 그 선택들이 모여 자기만의 이야기를 완성한다. 끝을 의식하며 사는 사람은 순간의 가치를 잊지 않고, 현재에 감사와 사랑을 품는다. 마지막 장면을 아름답게 마무리하고자 하는 마음이 곧 오늘을 더욱 충실히 살아가게 만드는 힘이 된다.

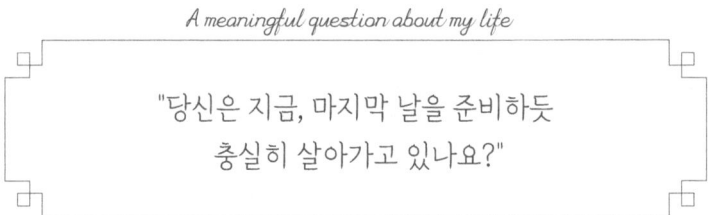

A meaningful question about my life

"당신은 지금, 마지막 날을 준비하듯
충실히 살아가고 있나요?"

74

존재는 유한할수록 빛난다

　삶이 유한하다는 사실은 우리를 더 치열하게, 더 깊이 살아가게 만든다. 그렇기에 인간의 존재는 특별하다. 끝이 정해져 있기에 매 순간은 빛나고, 한정된 시간 속에서 마주하는 경험들은 더욱 깊고 값지게 다가온다. 유한성은 약점이 아니라, 존재의 본질을 선명하게 드러내는 힘이다.

　삶의 제한성을 인식하는 것은 자연스럽게 선택과 집중을 요구한다. 무엇을 진정 소중히 여길지, 어떻게 살아야 할지를 묻는 순간, 우리는 자신만의 빛나는 시간을 만들어간다. 그 과정에서 타인과의 교감 또한 더욱 진실해진다.

지금 이 순간이 특별한 이유도 여기에 있다. 유한한 시간은 우리 존재를 빛나게 하고, 순간을 더 깊이 느끼게 한다. 삶의 끝이 분명할수록 우리는 오늘을 더 충실하고 진정성 있게 살아가게 된다.

삶은 얼마나 오래 사느냐가 아니라 얼마나 깊이 사느냐로 기억된다. 유한성을 의식할 때 우리는 더 용기 있게 사랑하고, 더 진심으로 선택하며, 더 주체적으로 살아간다. 오늘을 소중히 여기는 태도야말로 언젠가 다가올 마지막 날을 후회 없이 맞이하는 가장 확실한 준비다.

A meaningful question about my life

"당신은 지금, 자신의 유한한 시간을
어떻게 빛내고 있나요?"

비워내는 삶의 가치

 삶의 깊이는 채움이 아니라 비움에서 비롯된다. 비움은 단순히 물질을 줄이는 행위가 아니라, 마음속 불필요한 욕심과 집착을 내려놓고 내면을 정돈하는 과정을 의미한다. 과도한 소유와 과한 기대를 덜어낼 때, 우리는 진짜 소중한 것들을 선명하게 바라볼 수 있다. 비움은 잃음이 아니라 본질을 되찾는 길이다.

 비움은 삶의 태도뿐 아니라 관계에도 깊은 울림을 준다. 끊임없는 비교와 경쟁, 억지로 이어진 인연을 놓아줄 때 사람과 사람 사이의 거리는 오히려 가까워진다. 불필요한 체

면이나 계산 없이 마음을 나눌 때, 관계는 가볍고 자유롭게 흘러가며 그 안에서 진솔한 교감이 피어난다.

이처럼 비워내는 삶은 삶의 본질에 가까워지는 지혜로운 선택이다. 화려한 소유나 일시적인 명예가 아니라, 마음의 평화와 내적인 만족을 추구하는 길이다.

삶의 진정한 유산은 눈에 보이는 재산이나 업적이 아니다. 진정으로 중요한 것은 우리가 세상을 떠난 뒤에도 타인의 기억 속에 남아 따뜻한 감동을 주는 말과 행동, 그리고 함께한 시간의 흔적이다. 덜어낼수록 더 풍요로워지는 이 역설 속에서 우리는 비로소 '나다운 삶'을 살아갈 수 있다.

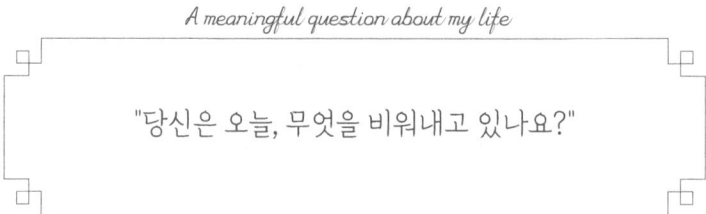

"당신은 오늘, 무엇을 비워내고 있나요?"

> # 76

단순하게, 가볍게, 깊게

죽음은 삶이 가진 유일하고도 확실한 경계다. 복잡하고 무거운 삶은 우리를 지치게 하고, 삶의 진정한 의미를 흐리게 만든다. 단순하게 산다는 것은 죽음이라는 경계 앞에서 불필요한 것들을 내려놓고, 오직 중요한 것에 마음을 쏟는 태도다.

가벼움은 죽음이 일깨워 주는 또 다른 삶의 방식이다. 집착과 미련은 삶을 짓누르며 마음을 어둡게 한다. 그러나 죽음을 의식하며 불필요한 짐을 덜어낼 때, 우리는 더 자유롭고 온전한 자신을 만난다. 가볍게 산다는 것은 유한한 시간을 담대히 받아들이는 용기다.

그렇다고 단순하고 가벼운 삶이 얕거나 피상적인 것은 아니다. 오히려 죽음의 불가피함 속에서 더욱 깊어지는 길이다. 깊이 산다는 것은 하루의 소중함을 놓치지 않고, 순간 속에서 진정한 가치를 발견하는 일이다.

죽음은 끝이 아니라, 지금 어떻게 살아야 할지를 묻는 질문이다. 그 물음에 진심으로 답할 때, 우리는 단순하고 가볍지만 동시에 깊고 충만한 삶에 다가선다. 죽음을 직면하는 용기 속에서 비로소 삶은 가장 자유롭고 깊게 빛난다.

A meaningful question about my life

"당신은 죽음을 의식하며
단순하고 가볍게, 그리고 깊게 살아가고 있나요?"

죽음을 친구 삼는 삶

죽음은 피할 수 없는, 우리 모두의 확실한 미래다. 그러나 우리는 그것을 두려움의 대상으로만 여기지 말고 삶의 동반자로 받아들여야 한다. 죽음을 친구 삼는다는 것은 삶과 죽음이 대립하는 개념이 아니라, 서로를 완성하는 관계임을 인정하는 태도다. 이때 죽음은 단순한 끝이 아니라, 변화와 성찰의 문이 된다.

죽음을 인식할 때 비로소 지금 이 순간의 소중함이 드러난다. 지나간 날과 다가올 시간을 한눈에 바라보며, 진정으로 중요한 것이 무엇인지 되묻게 된다. 죽음을 삶의 일부로 받아들이는 순간, 일상의 평범한 순간들조차 선명한 의미와 빛을 띤다. 두려움이 아니라 동반자로서 죽음을 맞이할 때, 우리는 더 담담하고 진솔하게 자신과 타인을 대할 수 있다.

죽음을 의식하며 사는 사람은 인간관계에서도 달라진다. 미뤄두었던 고백을 용기 내어 꺼내고, 오래된 서운함을 풀며, 가까운 이들에게 "사랑한다"라는 말을 더 자주 전한다. 언젠가 이별이 올 것을 알기에 우리는 더 따뜻한 눈빛으로 서로를 바라보며, 순간을 허투루 흘려보내지 않는다. 죽음을 떠올리는 일은 곧 삶을 더 사랑하는 법을 배우는 길이며, 그렇게 나누는 오늘의 대화는 유언처럼 깊고 진실해진다.

A meaningful question about my life

"당신은 죽음을 친구로 받아들이고,
오늘을 더욱 의미 있게 살아가고 있나요?"

78

가장 나답게 떠나기 위한 연습

우리는 흔히 '어떻게 살아야 할까'를 묻지만, '어떻게 떠날 것인가'에 대해서는 잘 생각하지 않는다. 그러나 진정한 삶이란 죽음까지 포함한 전 과정을 스스로 선택하며 살아가는 데 있다. 가장 나답게 죽는다는 것은 마지막 순간까지도 자신의 가치와 태도를 잃지 않는 일을 의미한다.

죽음을 준비하는 일은 곧 삶을 살아내는 방식에서 비롯된다. 타인의 기대나 외부의 기준이 아니라 내면의 목소리에 귀 기울이며 하루를 채워갈 때, 내가 소중히 여기는 관계와 신념, 삶의 우선순위가 중심이 된다. 그렇게 살 때 죽음 또한 그 연장선 위에서 자연스럽게 맞이할 수 있다.

가장 나답게 산다는 것은 결코 거창한 일이 아니다. 담백하고 진솔하게, 자신의 중심을 지키며 살아가는 일이다. 누구의 삶도 대신 살 수 없듯, 죽음도 마찬가지다. 지금 이 순간의 선택과 태도가 내 삶의 마지막을 어떻게 맞이할지를 결정한다.

우리는 죽음을 기다리는 것이 아니라, 그날까지의 삶을 스스로 그려가야 한다. 마지막 순간에 후회 없이, 아쉬움 없이 고개를 끄덕일 수 있도록 오늘도 담담히, '가장 나다운 삶'을 한 줄 한 줄 써 내려가 보자.

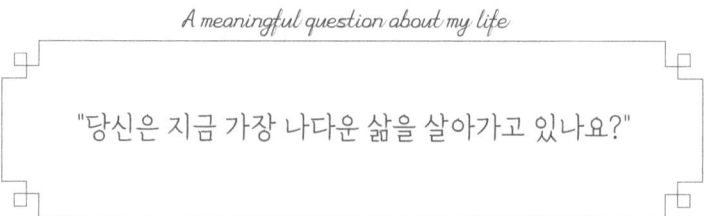

A meaningful question about my life

"당신은 지금 가장 나다운 삶을 살아가고 있나요?"

내가 남긴 사랑의 방식

사람은 결국 자신이 사랑한 방식으로 기억된다. 어떤 이는 따뜻한 말 한마디로, 또 어떤 이는 묵묵히 곁을 지켜준 시간으로 사랑을 남긴다. 우리는 살아가며 수많은 관계를 맺고 헤어지지만, 그 안에 담긴 진심과 애정은 세상을 떠난 뒤에도 가장 오래 남는 흔적이 된다.

사랑의 방식은 거창할 필요가 없다. 아침을 여는 인사, 지친 하루 끝에 건네는 위로, 누군가를 위해 잠시 멈춰주는 마음. 이런 작지만 진심 어린 순간들이 결국 깊은 여운으로 남는다. 내가 세상에 어떤 마음을 남기고 떠날지를 생각하는 순간, 삶의 방향도 달라진다.

사랑은 순간을 넘어, 기억 속에서 오래 살아남는다. 누군가의 일상적인 습관 안에서, 혹은 마음 깊은 곳에서 조용히 이어진다.

예전에 들었던 따뜻한 말이 불쑥 떠오를 때, 잊고 지내다 문득 그리운 얼굴이 생각날 때, 그 사랑은 여전히 살아 있는 것이다. 진심은 말보다 오래가고, 행동보다 깊게 각인된다. 우리가 세상에 남기는 것은 눈에 보이는 것이 아니라, 마음으로 건넨 온기와 사랑이다.

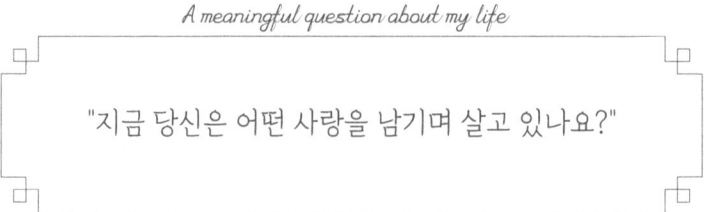

A meaningful question about my life

"지금 당신은 어떤 사랑을 남기며 살고 있나요?"

80

죽음을 사랑할 때, 삶이 시작된다

죽음을 피하려 하기보다 삶의 일부로 받아들이는 태도는 우리에게 놀라운 자유를 선물한다. 이 책에서 여러 차례 강조했듯, 죽음은 끝이 아니라 삶을 더욱 선명하게 비추는 거울이자 경계선이다. 그 경계를 의식할수록 우리는 오늘 하루를 더 진실되고 충만하게 살아갈 수 있다.

죽음을 받아들인다는 것은 단순히 내 존재의 끝을 인정하는 것이 아니다. 그것은 지금 이 순간을 깊이 끌어안는 용기다. 언제 끝날지 모른다는 사실은 오늘을 더욱 소중하게 만든다. 죽음이라는 거울 앞에 서면 삶의 허상은 사라지고, 정말 중요한 것들이 또렷하게 드러난다.

죽음과 가까워질수록 우리는 두려움을 억누르기보다, 그것과 함께 살아가는 여유를 배운다. 그때 삶은 도달해야 할 목표가 아니라, 매일 새롭게 주어지는 선물처럼 다가온다. 죽음을 이해하는 자만이 삶의 주인이 될 수 있음을 우리는 점점 더 확신하게 된다.

영원하지 않기에 우리는 더욱 깊이 사랑할 수 있고, 끝이 있기에 매 순간은 새로운 시작으로 빛난다. 죽음을 끌어안을 수 있을 때, 비로소 삶을 온전히 껴안을 수 있다. 그리고 그 품 안에서야 비로소 진짜 내 삶이 찬란히 피어난다.

죽음을 곁에 둘 때, 우리의 삶은 더욱 빛날 것이다. 그것이 삶을 행복으로 이끄는 가장 깊은 지혜이자, 매 순간을 빛나게 하는 진정한 용기다.

A meaningful question about my life

"당신은 지금, 죽음과 눈을 마주할 만큼
삶을 깊이 사랑하고 있나요?"

에필로그

어쩌면 우리에게 가장 듣기 불편한 단어인 '죽음'을, 여기까지 무수히 반복하며 끝까지 읽어주신 독자님께 진심으로 감사드립니다.

솔직한 마음을 전하고 싶습니다. 저 역시 한 인간으로서 죽음이 두렵고, 가까이 두고 싶지 않습니다. 사랑하는 이들과 이별해야 한다는 아픔, 그리고 언젠가 나 또한 그 길을 마주해야 한다는 사실을 받아들이기 어렵기 때문일 것입니다.

그럼에도 불구하고, 죽음을 삶의 일부로 받아들이고 곁에 두었을 때 비로소 삶의 본질이 더욱 선명해진다는 믿음은 흔들림이 없습니다. 죽음을 가까이 둘 때, 지금 내가 무엇을 해야 할지, 무엇을 소중히 여겨야 할지에 대한 분명한 '우선순위'가 생깁니다.

그 깨달음 속에서 우리는 조금 더 용기를 내어 오늘을 온전히 살아갈 힘을 얻게 됩니다.

죽음이라는 관문을 통해 삶의 진정한 가치를 마주하고, 매 순간을 더욱 소중히 여기게 된 당신께 따뜻한 응원의 마음을 전합니다.

- 지은이 현장원 드림

죽음을 가까이 두니, 오늘이 선명해졌다

― 사라짐이 알려준, 남김없이 살아가는 법 ―

초판 1쇄 발행 2025년 10월 1일

지 은 이 | 현장원 지음
펴 낸 곳 | 브롬북스(BromBooks)
출판등록 | 출판등록 : 제2019-000252호
주   소 | 서울시 강남구 봉은사로 317, 3층
전   화 | 070-7563-7775
이 메 일 | brombooks07@gmail.com
홈페이지 | www.jeffstudy.com

저작권자 | ⓒ 2025. 현장원

이 책의 저작권은 저자에게 있습니다. 서면에 의한 저자와 출판사의 허락 없이
내용의 일부 혹은 전부를 인용 및 복제하거나 발췌하는 것을 금합니다.

책값은 뒤표지에 있습니다.
잘못 만든 책은 구입하신 서점에서 교환해 드립니다.

ISBN : 979-11-988001-8-3(03190), 브롬북스 도서번호 E000323